Smithsonian Institution

List of Foreign Correspondents of the Smithsonian Institution

Smithsonian Institution

List of Foreign Correspondents of the Smithsonian Institution

ISBN/EAN: 9783741144820

Manufactured in Europe, USA, Canada, Australia, Japa

Cover: Foto ©Suzi / pixelio.de

Manufactured and distributed by brebook publishing software (www.brebook.com)

Smithsonian Institution

List of Foreign Correspondents of the Smithsonian Institution

SMITHSONIAN MISCELLANEOUS COLLECTIONS.
243

LIST

OF

FOREIGN CORRESPONDENTS

OF THE

SMITHSONIAN INSTITUTION.

CORRECTED TO JANUARY, 1872.

[FOURTH EDITION.]

WASHINGTON:
SMITHSONIAN INSTITUTION.
APRIL, 1872.

ADVERTISEMENT

The following publication is a list of the foreign establishments with which the Smithsonian Institution is, at the present time, in correspondence. It embraces the names of all the Institutions that have come to its knowledge having for their object the increase or diffusion of knowledge, or from which serial publications have been received up to the date mentioned on the title-page.

As new editions of the list will be published from time to time, the Smithsonian Institution desires to receive any information relative to new addresses, changes of title or character of the old ones, typographical errors, etc.

JOSEPH HENRY,
Secretary S. I.

SMITHSONIAN INSTITUTION,
WASHINGTON, April, 1872.

PHILADELPHIA:
COLLINS, PRINTER.

CONTENTS.

	Page		Page
GENERAL	1	ITALY	44
SCANDINAVIA	1	PORTUGAL	48
SWEDEN	1	SPAIN	48
NORWAY	2	GREAT BRITAIN and IRELAND	49
ICELAND	3	GREECE	58
DENMARK	3	TURKEY	58
RUSSIA	4	AFRICA	59
THE NETHERLANDS	11	ASIA	59
GERMANY, including AUSTRO-HUNGARY	14	AUSTRALIA	60
		NEW ZEALAND	61
SWITZERLAND	32	POLYNESIA	62
BELGIUM	32	AMERICA (exclusive of British	
FRANCE	36	America)	62

LIST

OF

FOREIGN CORRESPONDENTS.

GENERAL.

1. Association Internationale pour le progrès des Sciences Sociales.
2. Congrès International d'Archéologie préhistorique.
3. Congrès International de Statistique.
4. Convention Télégraphique Internationale.

SCANDINAVIA.

5. Skandinaviske Naturforskeres Forsamling (*Scandinavian Society of Naturalists*).

SWEDEN.

6. **Götheborg**—Kongliga Vetenskaps- och Vitterhets-Samhället (*Royal Society of Science and Belles-Lettres*).
7. **Lund**—Fysiografiska Sällskapet (*Physiographic Association*).
8. Kongliga Universitetet. (*Royal University*)
9. Nordisk Tidskrift för politik, ekonomi och litteratur (*Northern Journal for Politics, Economy, and Literature*).
10. Universitats Observatoriet. (*University Observatory.*)
11. **Stockholm**—Farmaceutiska Institutet. (*Pharmaceutical Institution.*)
12. Geologiska Byrån. (*Geological Bureau.*)
13. Kongliga Biblioteket (*Royal Library*).
14. Kongliga Landtbruks-Akademien (*Royal Academy of Agriculture*).
15. Kongliga Svenska Votenskaps-Akademien (*Royal Swedish Academy of Sciences*).
16. Kongliga Vitterhets- Historie- och Antiquitets-Akademien (*Royal Academy of Belles-Lettres, History, and Antiquities*).

17. Observatoriet.
18. Statistiska Central-Byrån. (*Central Bureau of Statistics.*)
19. Svenska Akademien. (*Swedish Academy.*)
20. Svenska Läkare-Sällskapet (*Swedish Society of Physicians*).

21. **Upsala**—Kongliga Universitetet. (*Royal University.*)
22. Kongliga Vetenskaps-Societeten (*Royal Society of Sciences*).
23. Universitets Observatoriet. (*University Observatory.*)

24. **Vesterås**—Elementar Lärovorkets Bibliotek. (*Library of the Normal School.*)

NORWAY.

25. **Arendal**—Arendals-Museum. (*Arendal Museum.*)
26. **Bergen**—Bergenske Museum. (*Bergen Museum.*)
27. Observatoriet.
28. **Christiania**—Foreningen til Norske Fortidsmindemærkers Bevaring (*Society for the Preservation of Norwegian Antiquities*).
29. Kongelige Norske Frederiks Universitetet.
30. Kongelige Selskabet for Norges Vel (*Royal Society for the progress and prosperity of Norway*).
31. Medicinske Selskab. (*Medical Society.*)
32. Militaire Samfund. (*Military Society.*)
33. Ministère de l'Intérieur du Gouvernement Royal de Norvege: Division des Recherches géologiques en Norvège.
34. Ministère de l'Intérieur du Gouvernement Royal de Norvege: Division topographique et hydrographique.
35. Norske Meteorologiske Institut. (*Norwegian Meteorological Institution.*)
36. Norske Oldskrift-Selskab. (*Norwegian Antiquarian Society.*)
37. Norske Sagförer-Forening. (*Norwegian Lawyer's Society.*)
38. Norske Tourist-Forening. (*Norwegian Tourist's Society.*)
39. Physiographiske Forening. (*Physiographic Society.*)
40. Polytekniske Forening. (*Polytechnic Society.*)
41. Selskabet for Folkeoplysningens Fremme. (*Society for Development of Popular Instruction.*)

42. Theologiske Forening. (*Theological Society.*)
43. Universitets Observatoriet i Christiania.
44. Videnskabs Selskabet i Christiania (*Scientific Society of Christiania*).
45. **Stavanger**—Norske Missions-Selskab. (*Norwegian Missionary Society.*)
46. **Trondhjem (Drontheim)**—Kongelige Norske Videnskabs-Selskabet (*Royal Norwegian Society of Science*).

ICELAND.

47. **Reykjavik**—Islands Stiptsbókasafn (*Library of the Icelandic Diocese*).
48. Hit Islenzka Bókmentafélag (*Scientific Association of Iceland*).

DENMARK.

49. **Kjöbenhavn (Copenhagen)**—Botaniske Forening (*Botanical Society*).
50. Historisk Tidsskrift (*Historical Journal*).
51. Islandske Litterære Selskab (*Icelandic Literary Society*).
52. Kongelige Bibliothek (*Royal Library*).
53. Kongelige Danske Selskab for Fædrelandets Historie og Sprog (*Royal Danish Society of National History and Language*).
54. Kongelige Danske Videnskabernes Selskab (*Royal Danish Society of Science*).
55. Kongelige Geheime-Archiv (*Royal Court of Records*).
56. Kongelige Landhuusholdnings-Selskab (*Royal Society of Rural Economy*).
57. Kongelige Medicinske Selskab (*Royal Medical Society*).
58. Kongelige Nordiske Oldskrift-Selskab (*Royal Society of Northern Antiquaries*).
59. Kongelige Statistiske Bureau (*Royal Statistical Bureau*).
60. Kongelige Veterinair- og Landbohöiskole (*Royal Veterinary and Agricultural School*).
61. Naturhistoriske Forening (*Natural History Society*).
62. Naturhistorisk Tidsskrift (*Journal of Natural History*).
63. Polytekniske Læreanstalt. (*Polytechnic School*)
64. Samfundet til den Danske Literaturs Fremme (*Society for the Advancement of Danish Literature*).

65. Sökaart-Archivet (*Hydrographic Office*).
66. Tidsskrift for Philologi og Pædagogik (*Philological Journal*).
67. Tidsskrift for populære Fremstillinger af Natur-Videnskaberne (*Journal for Popular Natural Science*).
68. Tidsskrift for Veterinairer (*Veterinary Journal*).
69. Universitetets Astronomiske Observatorium.
70. Universitets-Bibliotheket.
71. Universitetets Botaniske Have (*Botanical Garden of the University*).
72. Universitetets Mineralogiske Museum (*Mineralogical Museum of the University*).
73. Universitetets Zoologiske Museum (*Zoological Museum of the University*).
74. Veterinær-Selskab (*Veterinary Society*).

RUSSIA.

75. **Arkangel**—Flotskaja Biblioteka (*Naval Library*).
76. **Astrakhan**—Obschestvo Morskikh Wrachey (*Society of Naval Physicians*).
77. **Barnaul**—Meteorologiebeskaia Observatoria (*Meteorological Observatory*).
78. **Catharineburgh**—Meteorologiebeskaia Observatoria (*Naval Observatory*).
79. **Derpt (Dorpat)**—Derptskoe Obschestvo Estestvoispitateley (*Society of Naturalists of Dorpat*).
80. Imperatorskaia Astronomicheskaia Observatoria (*Imperial Astronomical Observatory*).
81. Kaiserliche Livländische Œkonomische Societät.
82. Ouchenoe Estonskoe Obschestvo (*Scientific Esthonian Society*).
83. Ouniversitet (*University*).
84. Veterinär-Schule.
85. **Helsingfors**—Finska Litteratur-Sällskapet (*Society for Finnish Literature*).
86. Finskoe Ouchenoe Obschestvo (*Finnish Scientific Society*).
87. Kejserliga Alexanders-Universitetets i Finland.
88. Magnitnaia i Meteorologicheskaia Observatoria (*Magnetical and Meteorological Observatory*).

89. Obschestvo Finllandskikh Wrachey (*Society of Physicians of Finland*).
90. Sállskapet pro Fauna et Flora Fennica.
91. **Irkootsk**—Geograficheskoe Obschestvo (*Geographical Society*).
92. **Jaroslavl**—Demidovskoy Litsey (*Demidoff's Lyceum*).
93. **Kasan**—Imp. Kasan-koy Ekonomicheskoe Obschestvo (*Imperial Economical Society*).
    94. Imperatorskoy Kasanskoy Ouniversitet (*Imperial University of Kazan*).
    95. Obschestvo Jestestwo-Ispytatelej pri Kasanskom Universitete (*Society of Naturalists at the Imperial University of Kazan*).
    96. Observatoria (*Observatory*).
97. **Kharkow**—Obschestvo Ispytatelej prirody (*Society of Naturalists at the University of Kharkow*).
    98. Ouniversitet (*University*).
    99. Veterenarnoje Utshilistshe (*Veterinary School*).
100. **Kiew**—Imperatorskoy Ouniversitet Sviatago Vladimira (*Imperial University of the Holy Vladimir*).
    101. Kiewskoje Obschestvo Jestestwo-Ispytatelej (*Society of Naturalists at the University of the Holy Wladimir*).
    102. Observatoria (*Observatory*).
103. **Kronshtadt (Cronstadt)**—Compasnaia Observatoria (*Compass Observatory*).
    104. Kronshtadtskaia Morskaia Biblioteka (*Naval Library of Cronstadt*).
    105. Morskaia Astronomicheskaia Observatoria (*Naval Astronomical Observatory*).
    106. Obschestvo Morskikh Wrachey (*Society of Naval Physicians*).
107. **Lebedjan** (*Government Tambow*)—Lebedjanskoje Obschestvo Selskago Khoziajstra (*Society of Rural Economy of Lebedjan*).
108. **Mitava (Mitaw)**—Kurliandskoe Obschestvo Literatoori I Iskoostv (*Courland Society of Literature and Art*).
109. **Moskva (Moscow)**—Chertkovskaia Poublichnaia Biblioteka (*Chertkoff's Public Library*).
    110. Commercheskaia Akademia (*Commercial Academy*).
    111. Etnograficheskoy Mouzey (*Ethnographical Museum*).

112. Fisiko-Medizinskoe Obschestvo (*Physico-Medical Society*).
113. Imper. Moskovskoy Obschestvo Jestestwo-Ispitatele) (*Imper. Society of Naturalists of Moscow*).
114. Imper. Moskovskoy Ouniversitet (*Imper. University of Moscow*).
115. Imper. Obschestvo Istorii i Drevnostey Rossiyskikh pri Moskovskom Ouniversitete (*Imperial Society of Russian History and Antiquities of the University of Moscow*).
116. Imper. Obschestvo Ljubitelei Jestestwomanija, Antropologii i Etnografii (*Imp. Society of Friends of Natural Sciences, Anthropology, and Ethnography*).
117. Imper. Obschestvo Selskago Khosiaystva (*Imperial Society of Rural Economy*).
118. Juridishesskojo Obschestvo (*Juridical Society*).
119. Lazarewskij Institut Wostotshnych Jasykow (*The Lazarew Institution of Oriental Languages*).
120. Moskovskoy Arkheologicheskoe Obschestvo (*Archæological Society of Moscow*).
121. Moskovskoy Matematitsheskoja Obschestvo (*Moscovian Mathematical Society*).
122. Moskovskoy Poublichnoy Mousey (*Public Museum of Moscow*).
123. Mousey Kniazia Sergia Mikhailovicha Galizina (*Prince Sergius Galizin's Museum*).
124. Obschestvo Akklimatisazii Rastenij i Jiwotnych (*Society of Acclimatization of Plants and Animals*).
125. Obschestvo drewno-russkago Iskusstwa, pri Moskovskom Publitshnom i Rumjanzowskom Musejach (*Society of Old-Russian arts, at the Moscovian Public and Rumjanzow-Museums*).
126. Obschestvo Lubiteley Khoudogestv (*Society of Amateurs of Fine Arts*).
127. Obschestvo Lubitsley Rossijskoy Slovesnosti (*Society of Amateurs of Russian Literature*).
128. Observatoria (*Observatory*).
129. Petrovskaia Agronomicheskaia Academia (*Petroffsky Agricultural Academy*).
130. Roumianzovskaia Biblioteka i Mousey (*Count Roumianzoff's Library and Museum*).

131. Rousskoe Obschestvo Ljubitelei Sadovodstva (*Russian Society of Friends of Horticulture*).
132. Slavianskoy Komitet (*Slavonic Committee*).
133. **Narwa**—Narwskoje Arkheologicheskoe Obschestvo (*Archæological Society of Narwa*).
134. **Negin**—Litsey Grafa Bezborodko (*Count Bezborodko's Lyceum*).
135. **Nertshinsk**—Meteorologicheskaia Observatoria (*Meteorological Observatory*).
136. **Nicolaev**—Observatoria (*Observatory*).
137. **Nicolaevsk** (na Amoore)—Obschestvo Morskikh Wrachey (*Society of Naval Physicians*).
138. **Odessa**—Glavnoe Ouchilische Sadovodstva (*Chief Horticultural School*).
139. Gorodskaiā Poublichnaia Bibliotcka (*Public City Library*).
140. Noworossijskoje Obschestvo Jestestwo-Ispytatelej (*Society of Naturalists of New-Russia*).
141. Obschestvo Selskago Khosiaystva Youjnoy Rossii (*Society of Rural Economy of Southern Russia*).
142. Odesskoé Obschestvo Istorii I Drevnostey (*Historical and Antiquarian Society of Odessa*).
143. Ouchilische Gloukho-nemikh (*Deaf and Dumb Institution*).
144. Ouniversitet (*University*).
145. Poublichnaia Biblioteka (*Public Library*).
146. **Omsk**—Obschestvo Izsljedowatclc) Zapadnoj Sibiri (*Society of Explorers of Western Siberia*).
147. **Orenburg**—Otdjel Imperatorskago Rousskoe Geograficheskoe Obschestvo (*Section of the Imperial Russian Geographical Society*).
148. Poublichnaia Biblioteka (*Public Library*).
149. **Poulkovo (Pulkova)**—Nicolsevskaia Glavnaia Observatoria (*Nicholas Chief Observatory*).
150. **Revel (Reval)**—Estliandskoe Literatournoe Obschestvo (*Estland Literary Society*).
151. **Riazan**—Poublichnaia Biblioteka (*Public Library*).
152. **Riga**—Lettische Litterärische Gesellschaft.
153. Mousey (*Museum*).
154. Obschestvo Jestestwo-Ispitatelej (*Society of Naturalists*).

155. Obschestvo Istorii i Drevnostey Roumkikh Pribaltiskikh Provinziy (*Historical and Antiquarian Society of the Russian Baltic Provinces*).
156. Obschestvo Practicheskikh Wrachey (*Society of Practical Physicians*).
157. Technicheskoe Obschestvo (*Technical Society*).

158. **Sanct-Peterbourg (St. Petersburg)**—Ego Velichestvo Imperator Vserossiyskoy (*His Imperial Majesty the Emperor of Russia*).
159. Arkeograficheskoe Commissia, pri Ministerstwe Narodnago Proswesstchenija (*Archæographical Commission of the Ministry of Public Instruction*).
160. Filologitsheskoje Obschestvo, pri St. Peterburgskom Universitete (*Philological Society of the University of St. Petersburgh*).
161. Hidrograficheskoy Departament Morskago Ministerstva (*Hydrographical Department of the Ministry of Marine and Depot of Naval Charts of Russia*)
162. Imper. Akademia Nauk (*Imperial Academy of Sciences*).
163. Imper. Alexandrovskoy Litsey (*Imp. Alexander Lyceum*).
164. Imper. Arkheologicheskaia Commissia (*Imper. Archæological Commission*).
165. Imper. Arkheologicheskoe Obschestvo (*Imperial Archæological Society*).
166. Imper. Botanitsheskij Sand (*Imperial Botanical Garden*).
167. Imper. Farmasovticheskoe Obschestvo (*Imper. Pharmaceutical Society*).
168. Imper. Istoriko-Filologitsheskij Institut (*Imperial Historico-Philological Institution*).
169. Imper. Michailovskaia Artilleriyskaia Academia (*Imper. Michael Artillery Academy*).
170. Imper. Nicolaevskaia Inguenernaia Academia (*Imper. Nicolas Engineering Academy*).
171. Imper. Nicolaevskaia Voennaia Academia (*Imper. Nicolas Military Academy*).
172. Imper. Ouchilisché Gloukho-nemikh (*Imp. Institution for Deaf and Dumb*).
173. Imper. Poublichnaia Biblioteka (*Imperial Public Library*).

174. Imper. Rousskoe Geograficheskoe Obschestvo (*Imperial Russian Geographical Society*).
175. Imper. Rousskoe Mineralogicheskoe Obschestvo (*Imper. Russian Mineralogical Society*).
176. Imper. St. Peterbourgskaia Academia Khoudogestv. (*Imper. St. Petersburg Academy of Fine Arts*).
177. Imper. St. Peterbourgskoy Ouniversitet (*Imper. University of St. Petersburg*).
178. Imper. Tekhnologicheskoy Institout (*Imp. Technological Institution*).
179. Imper. Utshilistsche Prawowjedjenija (*The Imperial Law School*).
180. Imper. Volnoe Ekonomicheskoe Obschestvo (*Imperial Free Economical Society*).
181. Institout Korpussa Poutey Saobschenia (*The Institution of the Engineers of Public Works*).
182. Institout Poutey Saobschenia (*Civil Engineering Institution*).
183. Institout Slepikh (*Institution for the Blind*).
184. Lesnaia Akademia (*Forest Academy*).
185. Medico-Khirourgicheskaia Academia (*Medico-Chirurgical Academy*).
186. Ministerstvo Narodnago Prosveschenia (*Ministry of Public Instruction*).
187. Morskaia Academia (*Naval Academy*).
188. Morskoe Ministerstvo (*Ministry of the Marine*).
189. Morskoy Mousey (*Marine Museum*).
190. Morskoy-Ouchenoy Comitet (*Scientific Committee of the Marine*).
191. Musei Imperatorskoj Akademii Nauk (*The Museums of the Imperial Academy of Sciences*).
192. Musei Imperatorskago Ermitasha (*The Museums of the Imperial Hermitage*).
193. Musei Gretsheskikh i Rimskikh Drevnostej (*The Museum of Greek and Roman Antiquities*).
194. Musei Instituta Korpussa Gornykh Inshenerow (*The Museum of the Mining Corps*).
195. Obschestvo Jestestvo-Ispytatele], pri St. Peterburgskom Universitete (*Society of Naturalists at the University of St. Petersburgh*).

196. Obschestvo Morskikh Wrachey (*Society of Naval Physicians*).
197. Obschestvo Rossiyskago Sadovodstva (*Society of Russian Horticulture*).
198. Pedagogitsheskoje Obschestvo (*Pedagogical Society*).
199. Rousskoe Entomologicheskoie Obschestvo (*Russian Entomological Society*).
200. Rousskoe Istoritsheskoje Obschestvo (*Russian Historical Society*).
201. Rousskoe Khimitsheskoje Obschestvo, pri St. Peterburgskom Universitete (*Russian Chemical Society of the University of St. Petersburgh*).
202. Selsko-Khozjajstwennyj Musej (*The Rural-economical Museum*).
203. Shtab Korpousa Gornikh Ingeneroy (*Staff of the Corps of Mining Engineers*).
204. Slavianskoy Komitet (*Slavonic Committee*).
205. Statisticheskoy Zentralnoy Komitet (*Central Statistical Committee*).
206. Tekhnicheskoe Obschestvo (*Technical Society*).
207. Utchenyj Komitet Ministerstva Gosudarstwennykh Imustshestw (*Scientific Committee of the Ministry of Domains*).
208. Voennoe Ministerstvo: Topograficheskoe Buro (*Ministry of War: Topographical Bureau*).
209. Vostochnoy Institout (*Oriental Institute*).
210. Zemledelcheskoy Institout (*Agronomical Institution*).
211. Zentralnaia Fisicheskaia Observatoria (*Central Physical Observatory*).
212. **Tiflis**—Kavkasskoe Geograficheskoe Obschestvo (*Caucasian Geographical Society*).
213. Kavkasskoe Mousey (*The Caucasian Museum*).
214. Kavkasskoe Obschestvo Selskago Khozaiystva (*Caucasian Society of Rural Economy*).
215. Magnitnaia i Meteorologicheskaia Observatoria (*Magnetical and Meteorological Observatory*).
216. Poublichnaia Biblioteka (*Public Library*).
217. **Toola**—Poublichnaia Biblioteka (*Public Library*).
218. **Vilna**—Arkheologicheskaia Kommissia (*Archæological Commission*).

219. Astronomichcskaia Observatoria (*Astronomical Observatory*).
220. Imp. Medisinskoje Obschestvo (*Imperial Medical Society*).
221. Musej Drewnostej (*The Museum of Antiquities*).
222. Otdjel Imp. R. Geograficheskoe Obschestvo (*Section of the Imperial Russian Geographical Society for North-western Russia*).
223. **Varshava (Warsaw)**—Astronomicheskaia Observatoria (*Astronomical Observatory*).
224. Imper. Warshawskij Universitet (*The Imperial University*).
225. Mediko-Khirourgicheskaia Akademia (*Medico-Chirurgical Academy*).
226. Obschestvo poistshrenija khudoshestw w Zarstwo Polskom (*Society for the Advancement of Fine Arts in Poland*).
227. **Yarosslaw**—Demidowskij Juriditshskij Licej (*The Juridical Lyceum of Demidoff*).
228. Obschestvo dlja islfedowanija Yarosslawskoj Oubernii w jestestwenno-istoritsheskom otnoshenii (*Society for the Exploration of the Government of Yarosslaw with relation to Natural History*).

DE NEDERLANDEN (THE NETHERLANDS).
(HOLLAND.)

229. **Amsterdam** (*Noord-Holland*)—Frederic Muller (*Agent Smithsonian Institution*).
230. Genootschap ter Bevordering der Genees- en Heelkunde (*Society for Promoting Medical and Chirurgical Science*).
231. Koninklijke Akademie van Wetenschappen (*Royal Academy of Sciences*).
232. Koninklijk Zoologisch Genootschap "Natura Artis Magistra" (*Royal Zoological Society*).
233. Maatschappij: Tot Bevordering der Bouwkunst (*Society for the Encouragement of Architecture*).
234. Maatschappij: Tot Nut van't Algemeen (*Society for the benefit of all Classes*).

235. Rijks Akademie van Beeldende Kunsten. (*Royal Academy of Fine Arts*.)
236. Stadsbibliotheek (*City Library*).
237. Vereeniging voor Statistiek in Nederland (*Statistical Association of the Netherlands*).
238. Vereeniging voor Volksvlijt (*Association for Popular Industry*).
239. Wiskundig Genootschap: "Onvermoeide arbeid komt alles te boven" (*Mathematical Society: "Untiring industry overcomes all"*).
240. **Arnhem** (*Gelderland*)—Natuurkundig Genootschap "Tot Nut en Vergenoegen" (*Natural History Society: "Utility and Amusement"*).
241. Openbare Bibliotheek (*Public Library*).
242. **Breda** (*Noord-Brabant*)—Koninklijke Militaire Akademie.
243. **Deventer** (*Overijssel*)—Openbare Bibliotheek (*Public Library*).
244. **'sGravenhage (The Hague)** (*Zuid-Holland*)—Bureau voor Statistiek.
245. Government of the Netherlands.
246. Haagsch Genootschap tot Verdediging van den Christelijken Godsdienst (*Hague Society for the Vindication of the Christian Religion*).
247. Koninklijke Bibliotheek (*Royal Library*).
248. Koninklijk Instituut van Ingenieurs (*Royal Institute of Engineers*).
249. Koninklijk Instituut voor de Taal-, Land- en Volkenkunde van Nederlandsch Indië (*Royal Institute for Philology, Geography, and Ethnography of Dutch India*).
250. **Groningen** (*Groningen*)—Academia Groningana.
251. Genootschap ter Bevordering der Natuurkundige Wetenschappen (*Society for the Advancement of Natural Sciences*).
252. Genootschap pro excolendo Jure Patrio (*Society for the Cultivation of National Jurisprudence*).
253. Instituut voor Doofstommen (*Institute for the Deaf and Dumb*).
254. **Harlem** (*Noord-Holland*)—Bureau Scientifique Central Néerlandais à Harlem.

255. Hollandsche Maatschappij van Wetenschappen (*Society of Sciences of Holland*).
256. Nederlandsche Maatschappij ter Bevordering van Nijverheid (*Society for the Promotion of Industry*).
257. Stadsbibliotheek.
258. Teyler's Stichting.
259. 'sHertogenbosch (*Noord-Brabant*)—Provinciaal Genootschap van Kunsten en Wetenschappen in Noord-Brabant (*Provincial Society of Arts and Sciences*).
260. Hoorn (*Noord-Holland*)—Societas Medico-Physica Hornana.
261. Cercle Agricole et Horticole.
261a. Luxembourg (*Luxembourg*)—Institut Luxembourgeois.
262. Leeuwarden (*Friesland*)—Friesch Genootschap voor Geschied- Oudheid- en Taalkunde (*Friesland Society of History, Antiquity, and Philology*).
263. Leiden (*Zuid-Holland*)—Academia Lugduno-Batava.
264. Maatschappij van Nederlandsche Letterkunde (*Society of Literature of the Netherlands*).
265. Nederlandsche Entomologische Vereeniging (*Entomological Society of the Netherlands*).
266. Rijks Ethnographisch Museum (*Royal Ethn. Museum*).
267. Rijks Museum van Natuurlijke Geschiedenis (*National Museum of Natural History*).
268. Rijks Museum van Oudheden (*National Museum of Antiquities*).
269. Rijks Observatorium (*National Observatory*).
270. Rijks Herbarium (*National Herbarium*).
271. Stolpiaansch Legaat (*Stolp's Legacy*).
272. Vereeniging voor de Flora van Nederland (*Association for the Flora of Holland*).
273. Middelburg (*Zeeland*)—Zeeuwsch Genootschap van Wetenschappen (*Zealand Society of Sciences*).
274. Provinciale Bibliotheek van Zeeland
275. Rotterdam (*Zuid-Holland*)—Bataafsch Genootschap van Proefondervindelijke Wijsbegeerte (*Batavian Society of Experimental Philosophy*).
276. Inrigting voor Doofstommen-Onderwijs (*Institute for Deaf and Dumb*).
277. Nederlandsche Yacht-Club.

278. **Schiedam** (*Zuid-Holland*)—Natuurkundige Vereeniging Martinet. (*Natural History Society: "Martinet."*)
279. **Utrecht** (*Utrecht*)—Academia Rheno-Trajectina.
    280. Archiv für holländische Beiträge zur Natur- und Heilkunde.
    281. Historisch Genootschap (*Historical Society*).
    282. Koninklijk Nederlandsch Meteorologisch Instituut (*Royal Dutch Meteorological Institution*).
    283. Observatorium.
    284. Provinciaal Utrechtsch Genootschap van Kunsten en Wetenschappen (*Provincial Society of Arts and Sciences of Utrecht*).
    285. Rijks Veeartsenijschool.
    286. Utrechtsche Hoogeschool.
287. **Zwolle** (*Overijsel*)—Overijselsche Vereeniging tot Ontwikkeling van Provinciale Welvaart (*Overyssel Society for Promotion of Provincial Welfare*).
    288. Vereeniging tot beoefening van Overijsselsch Regt en Geschiedenis (*Society for the Cultivation of Overyssel Jurisprudence and History*).
    289. Vriend van den Landman (*Friend of the Agriculturist*).

GERMANY, including AUSTRO-HUNGARY.

290. Allgemeiner Deutscher Apotheker-Verein.
291. Deutsche Ornithologen-Gesellschaft.
292. Verein der Süddeutschen Forstwirthe.
293. Versammlung Deutscher Land- und Forstwirthe.
294. Versammlung Deutscher Naturforscher und Aerzte.
295. **Aachen** (*Prussia*)—Stadt-Bibliothek.
296. **Agram** (*Hungary*)—Handels und Gewerbekammer für Kroatien.
    297. K. K. Kroatisch-Slavonische Landwirthschafts-Gesellschaft.
    298. Gesellschaft für südslav. Geschichte und Alterthümer.
    299. Naturhistorisches National-Museum.
    300. Redaction der Gospodarski List.
301. **Altenburg** (*Prussia*)—Gesammt-Verein des Deutsch. Ges. u Alterthums-Verein.

802. **Altenburg** (*Saxe-Altenburg*)—Geschichts- und Alterthumsforschende Gesellschaft.
803. Naturforschende Gesellschaft des Osterlandes.
804. Pomologische Gesellschaft.
805. **Altona** (*Prussia*)—Königliche Sternwarte.
806. Thierschutz-Verein.
807. **Annaberg** (*Saxony*)—Annaberg-Buchholzer Verein für Naturkunde.
808. **Ansbach** (*Bavaria*)—Historischer Verein in Mittelfranken.
809. **Arnstadt** (*Schwarzburg-Sondershausen*)—Fürstliches Gymnasium.
810. **Arolsen** (*Waldeck*)—Landwirthschaftlicher Verein im Fürstenthum Waldeck.
811. **Augsburg** (*Bavaria*)—Historischer Verein im Regierungs-Bezirke Schwaben und Neuburg.
812. Landwirthsch. Verein für Schwaben und Neuburg.
813. Naturhistorischer Verein.
814. Redaction des Auslandes.
815. Redaction der Wochenschrift für Thierheilkunde und Viehzucht.
816. **Baireuth** (*Bavaria*)—Historischer Verein für Oberfranken.
817. Polytechnische Gesellschaft.
818. **Bamberg** (*Bavaria*)—Gewerbe-Verein.
819. Königliche Bibliothek.
820. Naturforschende Gesellschaft.
821. **Bendorf bei Koblenz** (*Prussia*)—Deutsche Gesellschaft für Psychiatrie und gerichtliche Psychologie.
822. **Berlin** (*Prussia*)—Seine Majestät der Kaiser von Deutschland und König von Preussen.
823. Akklimatisations-Verein in Berlin.
824. Annales Botanices Systematicæ (*Walpers*).
825. Berliner Aquarium (Dr. Brehm).
826. Botanischer Verein für die Provinz Brandenburg, etc.
827. Central Verein für das Wohl der arbeitenden Klassen.
828. Deutsche Chemische Gesellschaft.
829. Deutsche Geologische Gesellschaft.
830. Deutsches Gewerbemuseum.
831. Deutsche Shakspeare-Gesellschaft.

832. Deutscher Verein für Fabrication von Ziegeln, Thonwaaren und Cement.
833. Entomologischer Verein.
834. General-Direction der Königlichen Museen.
835. Gesellschaft für Erdkunde.
836. Gesellschaft Naturforschender Freunde.
837. Gesellschaft für das Studium der neuern Sprachen.
838. Königliche Bibliothek.
839. Königliche Gewerbe-Akademie.
840. Königliches Ministerium des Innern.
841. Königliches Landes-Oekonomie-Collegium.
842. Königliches Landwirthschaftliches Museum.
843. Königliches Ministerium für Handel, Gewerbe, und öffentliche Arbeiten.
844. Königliches Ministerium für landwirthschaftl. Angelegenheiten.
845. Königlich Preussische Akademie der Wissenschaften.
846. Königlich Preussischer Generalstab der Armee.
847. Königlich Preussische Kriegs-Akademie.
848. Königl. Preuss. Statistisches Bureau.
849. Königlich Preussische Technische Bau-Deputation.
850. Königlich Preussische vereinigte Artillerie- und Ingenieur-Schule.
851. Königl. Universitäts-Bibliothek.
852. Königl. Universitäts-Sternwarte.
853. Medizinische Gesellschaft.
854. Meteorologisches Institut.
855. Physikalische Gesellschaft.
856. Polytechnische Gesellschaft.
857. Preuss. Haupt-Bibelgesellschaft.
858. Redaction des Archivs für path. Anatomie.
859. Redaction der Jahrbücher für die Deutsche Armee und Marine.
860. Redaction des Jahrbuches für wiss. Botanik.
861. Redaction des Journals für Ornithologie.
862. Redaction des Landwirthschaftlichen Centralblattes für Deutschland.
863. Redaction der Linnaea.
864. Redaction des Magazins für die Literatur des Auslandes.
865. Redaction des Nautischen Jahrbuchs (Dr. C. Bremiker).

GERMANY, INCLUDING AUSTRIA AND PRUSSIA. 17

306. Redaction des Statistischen Central-Archivs (Dr. O. Hübner).
307. Redaction der Zeitschrift für Ethnologie (A. Bastian and R. Hartmann).
368. Stenographischer Verein.
369. Thierschutz-Verein.
370. Verein Deutscher Ingenieure.
371. Verein für Eisenbahnkunde.
372. Verein für Geschichte der Mark Brandenburg.
373. Verein zur Beförderung des Gartenbaues in den Königl. Preuss. Staaten.
374. Verein zur Beförderung des Gewerbefleisses in Preussen.
375. Zoologischer Garten.
376. Zoologisches Museum der Königl. Universität.
377. **Bernburg** (*Anhalt*)—Norddeutscher Apotheker-Verein.
378. **Bilk** (bei Düsseldorf) (*Prussia*)—Sternwarte.
379. **Blankenburg** (*Brunswick*) — Naturwissenschaftlicher Verein des Harzes.
380. **Bonn** (*Prussia*)—Landwirthschaftlicher Central-Verein für Rheinpreussen.
    381. Naturhistorischer Verein der preussischen Rheinlande und Westphalens.
    382. Niederrheinische Gesellschaft für Natur- u. Heilkunde.
    383. Redaction des Archivs für die gesammte Physiologie des Menschen und der Thiere.
    384. Redaction des Wiegmann'schen Archivs für Naturgeschichte. (Prof. Troschel.)
    385. Universitäts-Bibliothek.
    386. Universitäts-Sternwarte.
    387. Verein von Alterthumsfreunden im Rheinlande
388. **Braunschweig** (*Brunswick*)—F. Vieweg und Sohn.
    389. Garten-Verein im Herzogthum Braunschweig.
    390. Stadt-Bibliothek.
391. **Bregenz** (*Austria*)—Vorarlberger Museums-Verein.
392. **Bremen** (*Hanse-Town*)—Bibliothek des Museums.
    393. Bremer Regierung.
    394. Bureau für Bremische Statistik.
    395. Comité der Nordpolar-Expedition.
    396. Gartenbau-Verein für Bremen.

397. Handels-Kammer.
398. Künstler-Verein für Bremische Geschichts-und Alterthumskunde.
399. Landwirthschafts-Verein.
400. Naturwissenschaftlicher Verein.
401. Observatorium der Navigations-Schule.
402. Stadt-Bibliothek.
403. **Breslau** (*Prussia*)—Blinden-Anstalt.
404. Königl. Preussisches Ober Berg-Amt.
405. Landwirthschaftlicher Central-Verein für Schlesien.
406. Physiologisches Institut.
407. Schlesische Blinden-Unterrichts-Anstalt.
408. Schlesischer-Central-Gewerbe-Verein.
409. Schlesische Gesellschaft für vaterländische Cultur.
409. Universitäts-Bibliothek.
410. Universitäts-Sternwarte.
411. Verein für schlesische Insektenkunde.
412. **Bromberg** (*Prussia*)—Landwirthschaftlicher Central-Verein für den Netze-District.
413. **Brünn** (*Austria*)—K. K. Mährisch-schlesische Gesellschaft für Ackerbau- Natur- und Landeskunde.
414. Mährisch-schlesisches Blinden-Erziehungs-Institut.
415. Naturforschender Verein.
416. **Buda** (*Hungary*). See *Ofen*.
417. **Cassel.** See *Kassel*.
418. **Chemnitz** (*Saxony*)—K. Gewerbschule.
419. Naturwissenschaftliche Gesellschaft.
420. Oeffentliche Handels-Lehranstalt.
421. Redaction der Deutschen Industrie-Zeitung.
422. **Celle** (*Prussia*)—Kön. Landwirthschafts-Gesellschaft.
423. **Clempenow bei Anclam** (*Prussia*). See *Eldena*.
424. **Coblenz.** See **Koblenz.**
425. **Colmar**—(*Alsace*) Société d'Histoire Naturelle de Colmar.
426. **Cracau.** See **Krakau.**
427. **Czernowitz** (*Austria*)—Verein für Landeskultur und Landeskunde im Herzogthume Bukowina.
428. **Danzig** (*Prussia*)—Hauptverein west-preussischer Landwirthe.
429. Naturforschende Gesellschaft.
430. Sternwarte.

GERMANY, INCLUDING AUSTRIA AND PRUSSIA. 19

431. **Darmstadt** (*Hesse*)—Gartenbau-Verein.
432. Grossherzogliche Central-Stelle für Gewerbe und Handel.
433. Grossherzoglich Hessische Central-Stelle für die Landes-Statistik.
434. Grossherz. Hessischer Gewerbe-Verein.
435. Grossherzogliche Hof-Bibliothek.
436. Grossherzogliches Museum.
437. Grossherz. Polytechnische Schule.
438. Mittelrheinisch-geologischer Verein.
439. Verein für Erdkunde u. verwandte Wissenschaften.
440. **Deidesheim** (*Bavaria*)—Pollichia: Naturwissenschaftlicher Verein der Rheinpfalz.
441. **Dessau** (*Anhalt*)—Naturhistorischer Verein.
441a. **Donaueschingen** (*Baden*)—Verein für Geschichte und Naturgeschichte in Donaueschingen.
442. **Dresden** (*Saxony*)—Seine Majestät der König von Sachsen.
443. Flora: Gesellschaft für Botanik und Gartenbau.
444. Gesellschaft für Botanik und Zoologie.
445. Gesellschaft für Natur- und Heilkunde.
446. Gewerbe-Verein.
447. Naturwissenschaftliche Gesellschaft "Isis."
448. Neue Jahrb. für Mineralogie, Geologie, und Palaeontologie (Dr. Geinits).
449. Kaiserliche Leopoldino Caerlinische Deutsche Akademie der Naturforscher.
450. Königliche Landes- Blinden-Anstalt.
451. Königliche Öffentliche Bibliothek.
452. Königliche Polytechnische Schule.
453. Königliches Mineralogisches Museum.
454. K. Sächsische Oekonomische Gesellschaft.
455. Königl. Sächs. Verein für Erforschung und Erhaltung vaterländischer Alterthümer.
456. Ministerium des Königlichen Hauses.
457. Öffentliche Handels-Lehranstalt.
458. Photographische Gesellschaft.
459. Sächsischer Ingenieur-Verein.
460. Statistisches Bureau.
461. Thierschutz-Verein.
462. Verein für Erdkunde.
463. **Dürckheim** ( )—Pollichia, Naturwissenschaftl. Verein der Rheinpfalz.

464. **Eisenach** (*Saxe-Weimar*)—Grossherz. Carl Friedrichs-Gymnasium.
   465. Real-Gymnasium.
466. **Elberfeld** (*Prussia*)—Bergischer Geschichts-Verein.
   467. Naturwissenschaftlicher Verein von Elberfeld u. Barmen.
468. **Eldena bei Greifswald** (*Prussia*)—Baltischer Verein zur Beförderung der Landwirthschaft.
   469. Gartenbau-Verein für Neuvorpommern und Rügen.
   470. K. P. Staats- und landwirthschaftl. Akademie Eldena.
471. **Emden** (*Prussia*)—Gesellschaft für bildende Kunst und vaterländische Alterthümer.
   472. Naturforschende Gesellschaft.
   473. Taubstummen-Anstalt.
474. **Ems** (*Prussia*)—Redaction der Balneologischen Zeitung.
475. **Erfurt** (*Prussia*)—Akademie Gemeinnütziger Wissenschaften.
   476. Gartenbau-Verein.
   477. Gewerbe-Verein.
478. **Erlangen** (*Bavaria*)—Universitäts-Bibliothek.
   479. Physikalisch-Medicinische Gesellschaft.
480. **Fiume** (*Austria*)—K. K. Marine-Akademie.
481. **Frankfurt am Main** (*Prussia*)—Deutsche Malakozoologische Gesellschaft.
   482. Gartenbaugesellschaft. "Flora."
   483. Senkenbergische naturforschende Gesellschaft.
   484. Zoologische Gesellschaft.
485. **Frankfurt-an-der-Oder** (*Prussia*)—Historisch-Statistischer Verein.
486. **Freiberg** (*Saxony*)—Freiberger Alterthums-Verein.
   487. Königlich Sächsische Bergakademie.
488. **Freiburg** (*Baden*)—Gesellschaft für Beförderung der Naturwissenschaften.
   489. Grossherz. Blinden-Anstalt.
   490. Redaction des Archivs für Anthropologie (Dr. A. Ecker).
   491. Universitäts-Bibliothek.
492. **Friedberg** (*Hesse*)—Blinden-Anstalt.
   493. Taubstummen-Anstalt.
494. **Fürth** (*Bavaria*)—Gewerbe-Verein der Stadt Fürth.

495. **Gera** (*Fürstenth. Reuss*)—Gesellschaft der Freunde der Naturwissenschaften.
496. **Giessen** (*Hesse*)—Historischer Verein.
  497. Oberhessische Gesellschaft für Natur- und Heilkunde.
  498. Universitäts-Bibliothek.
  499. Zoologisches Museum.
500. **Görtz** (*Austria*)—K. K. Ackerbau Gesellschaft.
501. **Görlitz** (*Prussia*)—Gartenbau-Verein.
  502. Gewerbe-Verein.
  503. Naturforschende Gesellschaft.
  504. Oberlausitzer Gesellschaft der Wissenschaften.
  505. Verein für Geflügelzucht.
  506. Verein für Hühnerzucht.
507. **Gotha** (*Saxe-Koburg-Gotha*)—Geographische Anstalt.
  508. Herz. Bibliothek der Friedenstein'schen Sammlungen.
  509. Sternwarte.
  510. Thüringer Gartenbau-Verein.
511. **Göttingen** (*Prussia*)—Königliche Gesellschaft der Wissenschaften.
  512. Königliche Sternwarte.
  513. Redaction des Journals für Landwirthschaft.
  514. Universitäts-Bibliothek.
  515. Zoologisches Museum.
516. **Graz** (*Austria*)—Akademie für Handel und Industrie.
  517. Geognostisch-Montanistischer Verein für Steiermark.
  518. Historischer Verein für Steiermark.
  519. K. K. Erstes Staats Gymnasium.
  520. K. K. Steiermärkische Landwirthschafts-Gesellschaft.
  521. Naturwissenschaftlicher Verein für Steiermark.
  522. Steiermärkischer Industrie- und Gewerbe- Verein.
  523. Steiermärkische Landes-Ober-Realschule.
  524. Steiermärkisches Landschaftliches Joanneum.
  525. Verein der Aerzte in Steiermark.
526. **Greifswald** (*Prussia*)—Gesellschaft für Pommern. Geschichte und Alterthumskunde.
  527. Universitäts-Bibliothek.
528. **Güstrow** (*Mecklenburg*)—Verein der Freunde der Naturgeschichte in Mecklenburg.

529. **Gumbinnen** (*Prussia*)—Landwirthschaftlicher Central-Verein für Littauen und Masuren.
530. **Hall** (*Austria*)—Verein zur Geologischen Durchforschung Tirols und Vorarlbergs.
531. **Halle a. d. Saale** (*Prussia*)—Königliches Ober-Berg-Amt.
    532. Landwirthschaftlicher Central-Verein für die Provinz Sachsen.
    533. Naturforschende Gesellschaft.
    534. Naturwissenschaftlicher Verein für Sachsen und Thüringen.
    535. Norddeutscher Apotheker-Verein.
    536. Redaction der Botanischen Zeitung.
    537. Redaction der Natur (Dr. Otto Ule).
    538. Thüringisch-Sächsischer Geschichts- und Alterthums-Verein.
    539. Universitäts-Bibliothek.
540. **Hamburg** (*Hanse-Town*)—Blinden-Anstalt.
    541. Commerz-Bibliothek.
    542. Handels-Kammer.
    543. Johanneum.
    544. Naturwissenschaftlicher Verein.
    545. Norddeutsche Seewarte.
    546. Stadt-Bibliothek.
    547. Sternwarte.
    548. Thierschutz-Verein.
    549. Verein für Hamburgische Geschichte.
    550. Verein für Handelsfreiheit.
    551. Zoologische Gesellschaft.
552. **Hamm** (*Prussia*)—Königliches Gymnasium.
553. **Hanau** (*Prussia*)—Wetterauer Gesellschaft für die gesammte Naturkunde.
554. **Hannover** (*Prussia*)—Architecten- und Ingenieur-Verein.
    555. Gesammt-Verein der Deutschen Geschichts- und Alterthums-Verein.
    556. Gewerbe-Verein für die Provinz Hannover.
    557. Historischer Verein für Niedersachsen.
    558. Königliche Oeffentliche Bibliothek.
    559. Königliche Polytechnische Schule.
    560. Naturhistorische Gesellschaft.
561. **Heidelberg** (*Baden*)—Landwirthschaftlicher Bezirks-Verein.

562. Naturhistorisch-medicinischer Verein.
563. Süddeutscher Apotheker-Verein.
564. Universitäts-Bibliothek.
565. **Hermannstadt** (*Hungary*)—Siebenbürgischer Verein für Naturwissenschaften.
566. Verein für Siebenbürgische Landeskunde.
567. **Hohenheim** (*Würtemberg*)—Kön. Wür. Land- und Forstwirthschaftliche Akademie.
568. **Hohenleuben** (*Saxony*)—Voigtländischer Alterthumsforschender Verein.
569. **Innsbruck** (*Austria*)—Ferdinandeum.
570. K. K. Landwirthschafts-Gesellschaft für Tirol und Vorarlberg.
571. Naturwissenschaftlich-medicinischer Verein.
572. Universitäts-Bibliothek.
573. **Jauer** (*Prussia*)—Oekonomisch-patriotische Gesellschaft für das Fürstenthum Schweidnitz and Jauer.
574. **Jena** (*Sax-Weimar*)—Landwirthschaftliches Institut.
575. Medicinisch-naturwissenschaftliche Gesellschaft.
576. Pharmaceutisch-naturwissenschaftlicher Verein.
577. Redaction der Zeitschrift für Deutsche Landwirthe.
578. Statistisches Bureau der Vereinigten Thüringischen Staaten.
579. Universitäts-Bibliothek.
580. Verein für Thüringische Geschichts- und Alterthumskunde.
581. **Karlsruhe** (*Baden*)—Badischer Alterthums-Verein.
582. Centralstelle für die Landwirthschaft.
583. Gewerbe-Verein.
584. Grossherz. Badisches Polytechnische Schule.
585. Grossherzogliche Badische Regierung.
586. Grossherz. Badisches Statistisches Bureau des Handels-Ministeriums.
587. Grossherzogliche Hofbibliothek.
588. Naturwissenschaftlicher Verein.
589. **Kassel** (*Prussia*)—Kurhessische Landes-Bibliothek.
590. Landwirthschaftlicher Central-Verein.
591. Malacozoologische Blätter.
592. Verein für Hessische Geschichte und Landeskunde.

593. Verein für Naturkunde.
594. **Kiel** (*Prussia*)—Minden-Anstalt.
595. Gesellschaft für die Sammlung und Erhaltung vaterl. Alterthümer.
596. Redaction der Schul-Zeitung.
597. S. H. L. Gesellschaft für vaterländische Geschichte.
598. Schleswig-Holsteinscher Landwirthschaftlicher Generalverein.
599. Universitäts-Bibliothek.
600. Verein für Geographie und Naturwissenschaften.
601. Verein nördlich der Elbe für Verbreitung naturwissenschaftlicher Kenntnisse.
602. **Klagenfurt** (*Austria*)—Geschichts-Verein für Kärnten.
603. Handels- und Gewerbekammer.
604. Kärntnerischer (alter) Seidenbau-Verein.
605. Kärntnerischer Industrie- u. Gewerbe-Verein.
606. K. K. Landwirthschafts-Gesellschaft.
607. Naturhistorisches Museum.
608. **Klausenburg** (*Hungary*)—Erdélyi Muzeum-Egylet.
609. **Klausthal** (*Prussia*)—Naturwissensch. Verein "Maja."
610. **Koblenz** (*Prussia*)—Naturhistorischer Verein.
611. **Koburg** (*Saxe-Koburg-Gotha*)—Verein für Naturkunde im Herzogthum Sachsen-Koburg.
612. **Köln** (*Prussia*)—Historischer Verein für den Niederrhein.
613. **Königsberg** (*Prussia*)—Ostpreussische Landwirthschaftliche Centralstelle.
614. Ostpreussische Physikalisch-ökonomische Gesellschaft.
615. Preuss. Provinzial-Verein für Minden-Unterricht.
616. Universitäts-Bibliothek.
617. Universitäts Sternwarte.
618. **Kórnik** (*near Posen, Prussia*)—Biblioteka Kórnicka
619. Universitäts-Sternwarte.
620. **Krakau** (*Austria*)—C. K. Towarzystwo Naukowe Krakowskie.
621. K. K. Sternwarte.
622. **Kremsmünster** (*Austria*)—Sternwarte.
623. **Laibach** (*Austria*)—Historischer Verein für Krain.
624. Juristische Gesellschaft.
625. K. K. Landwirthschafts-Gesellschaft
626. Landes-Museum.
627. Slovenischer Literatur-Verein.

628. **Landshut** (*Bavaria*)—Historischer Verein für Niederbaiern.
629. **Leipzig** (*Saxony*)—Dr. Felix Flügel (*Agent Smithsonian Institution*).
    630. Astronomische Gesellschaft.
    631. Deutsches Central-Museum für Völkerkunde.
    632. Deutsche Morgenländische Gesellschaft.
    633. F. A. Brockhaus' Verlagsbuchhandlung.
    634. Fürstlich Jablonowski'sche Gesellschaft.
    635. Handelskammer.
    636. Königlich Sächsische Gesellschaft der Wissenschaften.
    637. Landwirthschaftlicher Kreisverein.
    638. Medicinische Gesellschaft.
    639. Oeffentliche Handels-Lehranstalt.
    640. Polytechnische Gesellschaft.
    641. Redaction des Archivs für Anatomie, Physiologie und wissenschaftliche Medicin (Velt & Co.).
    642. Redaction der Jahrbücher für wissenschaftliche Botanik.
    643. Redaction der Zeitschrift für wissenschaftliche Zoologie.
    644. Redaction des Deutschen Archivs für Klinische Medecin.
    645. Stadt-Bibliothek.
    646. Städtische Realschule.
    647. Statistisches Bureau.
    648. Taubstummen-Anstalt.
    649. Universitäts-Bibliothek.
    650. Universitäts-Sternwarte.
    651. Verein Deutscher Eisenbahn-Verwaltungen.
    652. Verein von Freunden der Erdkunde.
653. **Lemberg** (*Austria*)—Biblioteka Zakladu Ossolinskich.
654. **Leisnig** (*Saxony*)—Geschichts- und Alterthumsforschender Verein.
655. **Liegnitz** (*Prussia*)—Landwirthschaftlicher Verein.
656. **Linz** (*Austria*)—Handels- und Gewerbskammer Oberösterreichs.
    657. K. K. Landwirthschafts-Gesellschaft.
    658. Museum Francisco-Carolinum.
659. **Lübeck** (*Hanse-Town*)—Gesellschaft zur Beförderung gemeinnütziger Thätigkeit.
    660. Museum für Kunst und Natur.

661. Stadt-Bibliothek.
662. Verein für lübeckische Geschichte.
663. **Lüneburg** (*Prussia*)—Alterthums-Verein.
664. Naturwissenschaftlicher Verein.
665. **Mainz** (*Hesse*)—Grossherzogliche Handels-Kammer.
667. Rheinische Naturforschende Gesellschaft.
668. Verein zur Erforschung der Rheinischen Geschichte und Alterthümer.
669. **Mannheim** (*Baden*)—Sternwarte.
670. Verein für Naturkunde.
671. **Marburg** (*Prussia*)—Gesellschaft zur Beförderung der gesammten Naturwissenschaften.
672. Sternwarte.
673. Universitäts-Bibliothek.
674. **Meersburg** (*Baden*) — Grossherz. Badische allgem. Taubstummen-Anstalt.
675. **Meiningen** (*Saxe-Meiningen*)—Hennebergischer Alterthumsforschender Verein.
676. Verein für Pomologie und Gartenbau.
677. **Meissen** (*Saxony*)—Gesellschaft "Isis."
678. **Metz** (*Lorraine*)—Académie Impériale de Metz.
679. Société d'Histoire Naturelle du Département de la Moselle.
680. Société des Sciences Médicales.
681. **Mühlhausen** (*Alsace*)—Société Industrielle.
682. **München: Munich** (*Bavaria*)—Baierische Gartenbau-Gesellschaft.
683. Geographische Gesellschaft.
684. Historischer Verein für Oberbaiern.
685. Königl. Baierische Akademie der Wissenschaften.
686. Königl. Botanischer Garten.
687. Königl. General-Quartiermeister-Stab.
688. Königl. Hof- und Staats-Bibliothek.
689. Königl. Staats-Ministerium.
690. Königl. Statistisches Bureau.
691. Königl. Sternwarte.
692. Königl. Taubstummen-Anstalt.
693. Landwirthschaftlicher Verein.
694. Ministerium des öffentlichen Unterrichts.

GERMANY, INCLUDING AUSTRIA AND PRUSSIA. 27

695. Polytechnischer Verein.
696. Redaction der Zeitschrift für Biologie.
697. Universitäts-Bibliothek.
698. **Münster** (*Prussia*)—Landwirthschaftlicher Provincial-Verein für Westphalen und Lippe.
699. Sternwarte.
700. Verein für Geschichte und Alterthümer Westphalens.
701. **Neisse** (*Prussia*)—Katholisches Gymnasium.
702. Philomatbische Gesellschaft.
703. Realschule.
704. **Neu Titschin** (*Austria*)—Landwirthschaftlicher Verein.
705. **Nordhausen** (*Prussia*)—Wissenschaftlicher Verein.
706. **Nurnberg** (*Bavaria*)—Central-Verein Deutscher Zahnärzte.
707. Germanisches Museum.
708. Gewerbe-Verein.
709. Naturhistorische Gesellschaft.
710. **Ofen** (*Buda, Hungary*)—K. K. Ober-Realschule.
711. K. K. Sternwarte.
712. Societät der Naturalisten.
713. **Offenbach** (*Prussia*)—Grossherzogliche Handels-Kammer.
714. Verein für Naturkunde.
715. **Oldenburg** (*Oldenburg*)—Grossherzogliche Bibliothek.
716. **Olmütz** (*Austria*)—K. K. Deutsches Gymnasium.
717. K. K. Ober-Realschule.
718. K. K. Studien-Bibliothek.
719. **Osnabrück** (*Hannover*)—Historicher Verein.
720. **Passau** (*Bavaria*)—Naturhistorischer Verein.
721. Praktische Gartenbau-Gesellschaft in Baiern.
722. **Pesth** (*Hungary*)—A Magyar Tudományos Akademia.
723. Geologische Gesellschaft für Ungarn.
724. Handels-Akademie.
725. Királyi Magyar Természettudományi Társulat (*Royal Hungarian Society of Natural Science*).
726. K. K. Obergymnasium.
727. K. K. Sternwarte.
728. Magyar Királyi Tudomány Egyetem (*Royal Hungarian University*).
729. Magyar Nemzeti Museum.
730. Pestváros Statisztikai Hivatala (*Statistical Bureau*).

731. **Plauen** (*Saxony*)—Gymnasium und Realschule.
732. Verein für Natur- und Heilkunde.
733. **Pola** (*Austria*)—K. K. Hydrographisches Depot.
734. **Posen** (*Prussia*)—Naturwissenschaftlicher Verein.
735. Städtische Realschule.
736. **Potsdam** (*Prussia*) — Landwirthschaftlicher Provinzial-Verein für die Mark Brandenburg und Niederlausitz.
737. Verein zur Beförderung des Seidenbaues in der Mark Brandenburg u. der Niederlausitz.
738. **Prag** (*Austria*)—Böhmischer Gewerbe-Verein.
739. Königlich Böhmische Gesellschaft der Wissenschaften.
740. Königlich Böhmisches Museum.
741. K. K. Patriotisch-Ökonomische Gesellschaft.
742. K. K. Sternwarte.
743. Medicinische Facultät.
744. Naturhistorischer Verein "Lotos."
745. Schafzüchter-Verein für Böhmen.
746. Universitäts-Bibliothek.
747. Verein für Geschichte der Deutschen in Böhmen.
748. Verein zur Ermunterung des Gewerbegeistes in Böhmen.
749. **Premslaff** (bei **Labes**) (*Prussia*)—Pommersche Oekonomische Gesellschaft.
750. **Pressburg** (*Hungary*)—Verein für Naturkunde.
751. Verein für Natur- und Heilkunde.
752. **Ravensburg** (*Würtemberg*)—Red. der Illustrirten Monatshefte für Obst- und Weinbau.
753. **Regensburg** (*Bavaria*)—Historischer Verein für die Ober-Pfalz.
754. K. Baierischer Apotheker-Verein.
755. K. Baierische Botanische Gesellschaft.
756. Zoologisch-Mineralogischer Verein.
757. **Reichenbach** (*Saxony*)—Voigtländ. Verein für Naturkunde.
758. **Reutlingen** (*Würtemberg*)—Pomologisches Institut.
759. **Rostock** (*Mecklenburg*)—Mecklenburgischer Patriotischer Verein.
760. Universitäts-Bibliothek.
761. **Roveredo** (*Austria*)—Accademia di Lettere e Scienze degli Agiati.
762. **St. Pölten** (*Austria*)—Nieder.-Oesterr. Landes-Ober-Realschule.

703. **Salzburg** (*Austria*)—K. K. Landwirthschafts-Gesellschaft.
  704. Städtisches Museum Carolino-Augusteum.
705. **Schärzburg** (*Austria*)—Gymnasium.
706. **Schwerin** (*Mecklenburg-Schwerin*)—Grossherz. Landes- Vermessungs-Commission.
  707. Grossherzogliches Statistisches Bureau.
  708. Regierungs-Bibliothek.
  709. Verein für Mecklenburgische Geschichte und Alterthumskunde.
770. **Sigmaringen** (*Prussia*)—Landwirthschaftliche Centralstelle des Vereins zur Beförderung der Landwirthschaft und der Gewerbe für die Hohenzollernschen Lande.
771. **Sondershausen** (*Schwarzburg-Sondershausen*)—Fürstliche Real-Schule.
  772. Fürstlich Schwarzburgisches Gymnasium.
  773. Verein zur Beförderung der Landwirthschaft.
774. **Speier** (*Bavaria*)—Historischer Verein für Rheinbaiern.
  775. Sternwarte des Königl. Lyceums in Speier.
776. **Stade** (*Prussia*)—Verein für Geschichte und Alterthümer der Herzogthümer Bremen and Verden.
777. **Stettin** (*Prussia*)—Entomologischer Verein.
  778. Gesellschaft für pommersche Geschichte und Alterthumskunde.
779. **Strassburg** (*Alsace*)—Société pour la Conservation des Monuments historiques d'Alsace.
  780. Société des Sciences, Agriculture et Arts du Bas-Rhin.
  781. Société des Sciences Naturelles de Strasbourg.
782. **Stuttgart** (*Würtemberg*)—Seine Majestät der König von Würtemberg.
  783. Gartenbau-Gesellschaft "Flora."
  784. Gesellschaft für die Weinverbesserung in Würtemberg.
  785. Gewerbe-Verein.
  786. Heilgymnastisches Institut. (Dr. Roth.)
  787. K. Centralstelle für Gewerbe und Handel.
  788. K. Centralstelle für die Landwirthschaft.
  789. K. Oeffentliche Bibliothek.
  790. K. Statistisch-topographisches Bureau.
  791. Königliches Staats Archiv.

702. Verein für Vaterländ. Naturkunde in Würtemberg.
703. Verein zur Fürsorge für entlassene Strafgefangene.
704. Würtembergischer Alterthums-Verein.
705. Würtembergischer Aerztlicher Verein.
706. **Tettnang** (*Würtemberg*)—Verein für Geschichte des Bodensees und seiner Umgebung.
707. **Trier** (*Prussia*)—Gesellschaft für nützliche Forschungen.
708. **Trieste** (*Austria*)—Civico Museo Ferdinando-Massimiliano.
709. Gartenbau-Gesellschaft des Litorales.
800. K. K. Nautische Akademie (Director, II. Littrow).
801. Società Scientifico Letteraria della Minerva.
802. **Tübingen** (*Würtemberg*)—K. Universitäts-Bibliothek.
803. Landwirthschaftlicher Verein.
804. **Ulm** (*Würtemberg*)—Naturwissenschaftliche Gesellschaft.
805. Verein für Kunst und Alterthum in Oberschwaben.
806. **Waren** (*Mecklenburg*) — Von Maltzansches Naturhistorisches Museum.
807. **Weihenstephan** (*Bavaria*)—Landwirthsch. Central-Schule.
808. **Weilburg** (*Prussia*)—Verein Nassauischer Aerzte.
809. **Weimar** (*Saxe-Weimar*)—Geographisches Institut.
810. Verein für Blumistik und Gartenbau.
811. **Weinsberg** (*Würtemberg*)—Historischer Verein für das Würtembergische Franken.
812. **Wernigerode** (*Prussia*)—Harz-Verein für Geschichte und Alterthumskunde.
813. **Wien (Vienna)** (*Austria*)—Seine Kaiserlich-Königliche Majestät der Kaiser von Oesterreich - Ungarn.
814. Anthropologische Gesellschaft.
815. Handels- und Gewerbekammer.
816. Hydrographische Anstalt der Kais. Oesterr. Marine.
817. Kaiserliche Akademie der Wissenschaften.
818. K. K. Central-Anstalt für Meteorologie u. Erd-Magnetismus.
819. K. K. Gartenbau-Gesellschaft.
820. K. K. Geographische Gesellschaft.
821. K. K. Geologische Reichsanstalt.
822. K. K. Handels-Ministerium.
823. K. K. Hofbibliothek.
824. K. K. Hof- Mineralien-Kabinet.

825. K. K. Hof- und Staatsdruckerei.
826. K. K. Landwirthschafts-Gesellschaft.
827. K. K. Marine Ober-Commando.
828. K. K. Ministerium für Cultur und Unterricht.
829. K. K. Ministerium des Innern.
830. K. K. Naturalien-Kabinet.
831. K. K. Ober-Gymnasium zu den Schotten.
832. K. K. Oesterr. Museum für Kunst und Industrie.
833. K. K. Schottenfelder Ober-Realschule.
834. K. K. Statistische Central-Commission.
835. K. K. Sternwarte.
836. K. K. Zoologisch-Botanische Gesellschaft.
837. Marine-Section des Kriegs-Ministeriums.
838. Niederösterreichischer Gewerbe-Verein.
839. Oesterr. Gesellschaft für Meteorologie.
840. Oesterr. Ingenieur- und Architecten-Verein.
841. Photographische Gesellschaft.
842. Polytechnische Gesellschaft.
843. Redaction der Österreichischen Zeitschrift für praktische Heilkunde.
844. Redaction der Wiener numismatischen Monatshefte.
845. Universitäts-Bibliothek.
846. Verein zur Vorbreitung naturwissenschaftlicher Kenntnisse.
847. Verein zur Versorgung und Beschäftigung erwachsener Blinden.
848. Wiener Thierschutz-Verein.
849. **Wiesbaden** (*Prussia*)—Gewerbe-Verein für das Herzogthum Nassau.
850. Verein für Nassauische Geschichte u. Alterthumskunde.
851. Verein für Naturkunde.
852. Verein Nassauischer Land- und Forstwirthe.
853. **Worms** (*Hesse*)—Grossherz. Gymnasium.
854. Grossherz. Hess. Handels-Kammer.
855. **Würzburg** (*Bavaria*)—Deutsche Gesellschaft für Anthropologie, Ethnologie und Urgeschichte.
856. Historischer Verein von Unterfranken und Aschaffenburg.
857. Physikalisch-Medicinische Gesellschaft.

858. Polytechnischer Central-Verein.
859. Redaction der Jahresberichte der Physiologie.
860. Universitäts-Bibliothek.
861. Zara (*Austria*)—Societá Economica di Dalmazia.
862. Zweibrücken (*Bavaria*)—Naturhistorischer Verein.

SWITZERLAND.

863. Allgemeine Schweizerische Gesellschaft für die gesammten Naturwissenschaften. (*Bern.*)
 864. Schweizerischer Alpenclub. (*Bern.*)
 865. Schweizerischer Apotheker-Verein. (*Bern.*)
 866. Schweizerische Entomologische Gesellschaft. (*Bern.*)
 867. Schweizerische Gemeinnützige Gesellschaft. (*Bern.*)
 868. Schweizerische Historische Gesellschaft. (*Bern.*)
 869. Schweizerischer Lehrverein. (*Bern.*)
 870. Verein Schweizerischer Gymnasiallehrer. (*Bern.*)
871. **Aarau**—Aargauische Naturforschende Gesellschaft.
 872. Blinden und Taubstummen Institut.
873. **Basel**—Gesellschaft für vaterländische Alterthümer.
 874. Gesellschaft zur Beförderung des Guten und Gemeinnützigen.
 875. Gewerbe-Schule.
 876. Naturforschende Gesellschaft.
 877. Société des Sciences.
 878. Universitäts-Bibliothek.
879. **Bern**—Conseil Fédéral Suisse.
 880. Eidgenössisches Statistisches Bureau.
 881. Kantons-Schule.
 882. Naturforschende Gesellschaft.
 883. Oekonomische Gesellschaft des Kantons Bern.
 884. Société des Sciences.
 885. Sternwarte.
 886. Universitäts-Bibliothek.
887. **Chur**—Naturforschende Gesellschaft Graubündens.
888. **Fribourg**—Société d'Histoire du Canton du Fribourg.
889. **Genève**—Archives des Sciences Physiques et Naturelles.
 890. Association Zoologique du Léman.
 891. Bibliothèque de la Ville.
 892. Institute National Genevois.
 893. Observatoire.

894. Société des Arts de Genève.
895. Société Genevoise d'Utilité Publique.
896. Société d'Histoire et d'Archéologie de Genève.
897. Société de Géographie.
898. Société de Physique et d'Histoire Naturelle.
899. Société Médicale.
900. Société Ornithologique Suisse.
901. **Lausanne**—Asile des Aveugles de Lausanne.
902. Bibliothèque Cantonale Vaudoise.
903. Société d'Agriculture de la Suisse Romande.
904. Société d'Histoire de la Suisse Romande.
905. Société Industrielle d'Horlogerie.
906. Société Vaudoise des Sciences Naturelles.
907. **Luzern**—Historischer Verein der fünf Orter.
908. **Neuchatel**—Observatoire (Dr. Hirsch, Director).
909. Société des Sciences Naturelles.
910. **Porrentruy**—Société Jurassienne d'Émulation.
911. **Rheinfelden**—Naturhistorische Gesellschaft.
912. **Rapperswyl**—Musée National Historique de la Pologne.
913. **St. Gallen**—Naturwissenschaftliche Gesellschaft.
914. **Sion**—Société Valaisanne des Sciences Naturelles.
915. **Solothurn**—Naturforschende Gesellschaft.
916. **Yverdon**—Institute des Sourds-Muets à Yverdon.
917. **Zürich**—Eidgenössische Polytechnische Schule.
918. Gesellschaft für Vaterländische Alterthümer.
919. Kartan Verein.
920. Meteorologische Centralanstalt der Schweiz. Naturforschende Gesellschaft.
921. Naturforschende Gesellschaft.
922. Société des Sciences.
923. Sternwarte.
924. Universitäts-Bibliothek.
925. Verein für Landwirthschaft und Gartenbau.

BELGIUM.

926. **Anvers (Antwerp)**—Académie d'Archéologie de Belgique.
927. Académie Royale des Beaux-Arts.
928. Bibliothèque Publique de la Ville.
929. Cercle Artistique, Littéraire et Scientifique d'Anvers.

930. Société Belge de Géographie.
931. Société de Médecine.
932. Société " de Olyftak."
933. Société de Pharmacie.
934. Société de Vlaemsche Vrienden.
935. Société Royale pour l'Encouragement des Beaux-Arts.
936. Société Royale d'Horticulture et d'Agriculture.
937. Société Royale de Zoologie.

938. **Arlon**—Bibliothèque Publique.
939. **Ath**—Bibliothèque Publique.
940. **Audenarde**—Bibliothèque Publique.
941. **Bruges**—Bibliothèque Publique.
942. Cercle Artistique et Littéraire.
943. Société d'Emulation pour l'étude de l'Histoire et des Antiquités de la Flandre.
944. Société pour l'Encouragement des Beaux-Arts et de la Littérature.
945. Société d'Horticulture et de la Botanique.
946. Société Médico-chirurgicale de Bruges.

947. **Bruxelles (Brussels)**—Académie Royale des Sciences, des Lettres et des Beaux-Arts de Belgique.
948. Bibliothèque de la Chambre des Représentants.
949. Bibliothèque Royale de Belgique.
950. Bibliothèque de l'Université.
951. Cercle Artistique et Littéraire.
952. Commission Administrative du Musée Royale de l'Industrie.
953. Commission des Annales des Travaux Publics.
954. Commission Centrale de Statistique.
955. Commission Royale d'Histoire.
956. Établissement Géographique de Bruxelles.
957. Government of Belgium.
958. Musée Royal d'Antiquités, d'Armures et d'Artillerie.
959. Musée Royal d'Histoire Naturelle.
960. Observatoire Royal.
961. Société Anatomo-pathologique de Bruxelles.
962. Société Belge de Médecine Homœopathique.
963. Société Centrale d'Agriculture de Belgique.
964. Société Centrale des Instituteurs Belges.
965. Société pour l'Encouragement des Arts Industriels.

966. Société Entomologique de Belgique.
967. Société d'Histoire de Belgique.
968. Société Malacologique de Belgique.
969. Société Medico-Chirurgicale pratique.
970. Société de Numismatique Belga.
971. Société de Pharmacie de Bruxelles.
972. Société Royale de Botanique de Belgique.
973. Société Royale de Flore.
974. Société Royale d'Horticulture.
975. Société Royale Linnéenne de Bruxelles.
976. Société Royale protectrice des Animaux.
977. Société Royale de Zoologie, d'Horticulture et d'Agrement.
978. Société des Sciences Médicales et Naturelles.
979. Société Vésalienne.

980. **Charleroi**—Bibliothèque Publique.
   981. Société Paléontologique et Archéologique de l'Arrondissement.

982. **Courtray**—Bibliothèque Publique.

983. **Furnes**—Bibliothèque Publique.

984. **Gand (Ghent)**—Maatschappij van Nederlandsche Letterkunde en Geschiedenis: "de Tael is gansch het Volk."
   985. Société d'Histoire Naturelle.
   986. Société de Médecine.
   987. Société Royale d'Agriculture et de Botanique.
   988. Société Royale des Beaux-Arts et de Littérature.
   989. Société de Vlaemsche.
   990. Société: Het Willems fonds.
   991. Université.

992. **Hasselt**—Bibliothèque Publique.

993. **Liége**—Association des Ingenieurs élèves de l'École de Liége.
   994. Comité du Cercle Industriel.
   995. Conseil de Salubrité publique de la Province de Liége.
   996. Institut Archéologique Liégeois.
   997. Société libre d'Emulation pour l'Encouragement des Lettres, Sciences, et Beaux-Arts, sous la devise: "Utile dulce."
   998. Société Liégeois de Littérature Wallonne.
   999. Société de Médecine.
   000. Société Royale d'Horticulture.

1001. Société Royale des Sciences.
1002. Société des Sciences Naturelles.
1003. Université de l'État.
1004. **Lokeren**—Bibliothèque Publique.
1005. **Louvain**—Bibliothèque Publique.
1006. Société Littéraire de l'Université Catholique.
1007. Université Catholique.
1008. **Malines**—Bibliothèque Publique.
1009. **Mons**—Bibliothèque Publique.
1010. Cercle Archéologique.
1011. Société des Anciens Élèves de l'École des Mines du Hainaut.
1012. Société des Bibliophiles Belges.
1013. Société des Sciences, des Arts et des Lettres du Hainaut.
1014. **Namur**—Bibliothèque Publique.
1015. Cercle Artistique et Littéraire.
1016. Société Agricole et Forestière de la Province de Namur.
1017. Société Archéologique.
1018. **Ostende**—Bibliothèque Publique.
1019. **St. Nicolas**—Bibliothèque Publique.
1020. Cercle Archéologique du Pays de Waas.
1021. **Termonde**—Bibliothèque Publique.
1022. Cercle Archéologique de la Ville et de l'Ancien Pays de Termonde.
1023. **Tirlemont**—Bibliothèque Publique.
1024. **Tongres**—Société Scientifique et Littéraire du Limbourg.
1025. **Tournai**—Bibliothèque Publique.
1026. Société Historique et Littéraire de Tournai.
1027. **Verviers**—Bibliothèque Publique.
1028. Société Industrielle et Commerciale.
1029. **Ypres**—Bibliothèque Publique.
1030. Société Historique, Archéologique et Littéraire de la Ville d'Ypres et de l'ancienne West-Flandre.

FRANCE.

1031. Association Scientifique de France.
1032. Congrès Scientifique de France.
1033. Institut des Provinces de France.

1034. **Abbeville**—Société Impériale d'Emulation.
    1035. Société Linnéenne du Nord de France.
1036. **Agen**—Société d'Agriculture, Sciences et Arts d'Agen.
1037. **Aix** (*Bouches du Rhône*) — Académie des Sciences, Agriculture, Arts et Belles-Lettres.
1038. **Amiens**—Académie des Sciences, Belles-Lettres, Arts, Agriculture et Commerce du Département de la Somme.
    1039. Société des Antiquaires de Picardie.
    1040. Société Linnéenne du Nord de la France.
1041. **Angers**—Société Académique de Maine-et-Loire.
    1042. Société d'Agriculture, Sciences et Arts.
    1043. Société Linnéenne du Département de Maine-et-Loire.
1044. **Angoulême** — Société d'Agriculture, Arts et Commerce du Dép. de la Charente.
    1045. Société Archéologique de la Charente.
1046. **Annecy**—Société Florimontane.
1047. **Arles**—Commission Archéologique.
1048. **Arras**—Académie d'Arras.
1049. **Aurillac**—Société Académique.
1050. **Auxerre** — Société des Sciences historiques et naturelles de l'Yonne.
1051. **Avignon**—Société Archéologique.
1052. **Avranches**—Société d'Archéologie, Littérature, Sciences et Arts d'Avranches.
1053. **Bagnères de Bigorre**—Société Ramond.
1054. **Bayeux**—Société d'Agriculture, Sciences, Arts et Belles-Lettres.
1055. **Beauvais**—Société Académique d'Archéologie, Sciences et Arts du Département de l'Oise.
1056. **Bergues**—Société de la Histoire et des Beaux-Arts de la Flandre Maritime.
1057. **Besançon**—Académie des Sciences, Belles-Lettres et Arts.
    1058. Société d'Emulation du Doubs.
1059. **Béziers** (*Hérault*)—Société Archéologique.
1060. **Blois**—Société des Sciences et Lettres.
1061. **Bordeaux**—Acad. Impériale des Sciences, Belles-Lettres et Arts.
    1062. Bibliothèque de la Ville de Bordeaux.
    1063. Chambre de Commerce.

1064. Commission des Monuments et Documents historiques et des Batiments civils.
1065. Muséum d'Histoire Naturelle.
1066. Société d'Horticulture de la Gironde.
1067. Société Humanitaire et Scientifique de Sud-Ouest de la France.
1068. Société Linnéenne de Bordeaux.
1069. Société Philomathique de Bordeaux.
1070. Société des Sciences Physiques et Naturelles.
1071. **Boulogne**—Société Académique.
1072. **Bourg**—Société d'Emulation de l'Ain.
1073. **Bourges**—Commission Historique du Cher.
1074. Société d'Agriculture du Département du Cher.
1075. **Brest**—Bibliothèque de la Marine Impériale.
1076. Société Académique de Brest.
1077. **Caen**—Académie des Sciences, Arts et Belles-Lettres.
1078. Société d'Agriculture et de Commerce de Caen.
1079. Société des Antiquaires de Normandie.
1080. Société Linnéenne de Normandie.
1081. Société de Médecine de Caen.
1082. **Cambrai**—Société d'Emulation.
1083. **Chambéry**—Académie Impériale de Savoie.
1084. **Châlons-sur-Marne**—Société d'Agriculture, Commerce et Sciences de la Marne.
1085. **Châlons-sur-Saône**—Société Archéologique de Châlons.
1086. **Chartres**—Société Archéologique d'Eure et Loire.
1087. **Cherbourg**—Société Académique de Cherbourg.
1088. Société Imp. des Sciences Naturelles de Cherbourg.
1089. **Clermont-Ferrand**—Académie des Sciences, Belles-Lettres et Arts.
1090. **Dijon**—Académie des Sciences, Arts et Belles-Lettres de Dijon.
1091. Commission Archéologique de la Côte d'Or.
1092. Société d'Agriculture et d'Industrie Agricole du Département de la Côte d'Or.
1093. **Douai**—Association Vétérinaire des Départements du Nord et du Pas-de-Calais.
1094. Musée d'Histoire Naturelle.
1095. Société Impériale d'Agriculture, Sciences et Arts de Douai.

1096. **Draguignan**—Société des Études scientifiques et littéraires.
1097. **Dunkerque**—Société Dunkerquoise pour l'Encouragement des Sciences.
1098. **Epinal**—Société d'Emulation des Vosges.
1099. **Evreux**—Société Libre d'Agriculture, Sciences, Arts et Belles-Lettres de l'Eure.
1100. **Grenoble**—Société de Statistique du Département de l'Isère.
1101. **Gueret**—Société des Sciences Naturelle de la Creuse.
1102. **Havre**—Société Havraise d'Études diverses.
1103. **Langres**—Société Historique et Archéologique.
1104. **Le Mans**—Société d'Agriculture, Sciences et Arts de la Sarthe.
1105. **Le Puy**—Société d'Agriculture, Sciences, Arts et Commerce.
1106. **Lille**—Comité Flamand de France.
    1107. Société Impériale des Sciences, de l'Agriculture et des Arts.
1108. **Limoges**—Société Archéologique du Limousin.
    1109. Société des Sciences, Agriculture et Arts de la Haute-Vienne.
1110. **Lons-le-Saulnier**—Société d'Emulation du Jura.
1111. **Lyon**—Académie Impériale des Sciences, Belles-Lettres et Arts de Lyon.
    1112. Commission Hydrométrique de Lyon.
    1113. Société Impériale de l'Agriculture, Histoire Naturelle et Arts Utiles de Lyon.
    1114. Société Linnéenne de Lyon.
    1115. Société des Sciences Industrielles.
1116. **Mâcon**—Académie de Mâcon: Soc. des Arts, Belles-Lettres et d'Agriculture.
1117. **Marseille**—Académie des Sciences, Lettres et Arts.
    1118. Bibliothèque de la Ville de Marseille.
    1119. Société du Département d'Agriculture des Bouches du Rhône.
    1120. Observatoire.
1121. **Mayenne**—Société Archéologique de la Mayenne.
1122. **Mende**—Société d'Agriculture, Industrie, Sciences et Arts du Département de la Lozère.
1123. **Montauban**—Société des Sciences, Agriculture et Belles-Lettres de Tarn et Garonne.

1124. **Montbéllard**—Société d'Emulation.
1125. **Montpellier**—Académie de Montpellier; Faculté de Médecine.
    1126. Académie des Sciences et Lettres de Montpellier.
    1127. Messager Agricole.
    1128. Société Archéologique de Montpellier.
    1129. Société Centrale d'Agriculture du Département de la Herault.
    1130. Société Générale d'Encouragement à la Sericulture.
1131. **Moulins**—Société d'Emulation du Département de l'Allier.
    1132. Société d'Horticulture de l'Allier.
1133. **Nancy**—Académie de Stanislas.
1134. **Nantes**—Société Académique de Nantes et du Dép. de la Loire Inférieure.
    1135. Société d'Histoire Naturelle.
1136. **Nice**—Société Centrale d'Agriculture, d'Horticulture et d'Acclimatation.
    1137. Société des Lettres, Sciences et Arts des Alpes maritimes.
1138. **Nîmes**—Académie du Gard.
    1139. Société d'Horticulture et de Botanique du Gard.
1140. **Orléans**—Société d'Agriculture, Sciences, Belles-Lettres et Arts d'Orléans.
    1141. Société Archéologique de l'Orléanais.
1142. **Paris**—Gustave Bossange, Libraire, 16 Rue du dix Decembre (*Agent of the Smithsonian Institution*).
    1143. Académie Impériale de Médecine.
    1144. Administration des Lignes télégraphiques.
    1145. Annales des Ponts et Chaussées.
    1146. Annales des Sciences Naturelles.
    1147. Archives générales de Médecine.
    1148. L'Athenée Oriental.
    1149. Bibliothèque de la Ville de Paris.
    1150. Bibliothèque du Jardin des Plantes (Muséum d'Histoire Naturelle).
    1151. Bibliothèque Impériale.
    1152. Bibliothèque Municipale du Seizième Arrondissement de Paris.
    1153. Bibliothèque Polonaise historique littéraire
    1154. Bureau des Longitudes.

1155. Comité d'Archéologie Américaine.
1156. Conservatoire des Arts et Métiers.
1157. Cosmos.
1158. Dépôt des Cartes et Plans.
1159. École Impériale des Mines.
1160. École Impériale et Spéciale des Langues orientales vivantes.
1161. École Polytechnique.
1162. Gazette Médicale de Paris.
1163. Institut de France.
1164. Institut Historique de France.
1165. Journal d'Agriculture pratique.
1166. Journal de Conchyliologie.
1167. Journal des Savants.
1168. Ministère du Commerce et Agriculture.
1169. Ministère des Affaires Étrangères (Dép. de Statistique).
1170. Ministère de la Guerre.
1171. Ministère de l'Instruction Publique et des Cultes.
1172. Ministère des Lettres, de Sciences et Beaux-Arts.
1173. Ministère de la Marine et des Colonies.
1174. Ministère des Travaux publics.
1175. Observatoire Impérial.
1176. Observatoire Météorologique Central de Montsouris.
1177. Petites Nouvelles Entomologiques.
1178. Revue des Cours Littéraires.
1179. Revue Horticole.
1180. Revue et Magasin de Zoologie.
1181. Revue de Sericiculture comparée.
1182. Revue Scientifique de la France et de l'Étranger
1183. Société d'Acclimatation.
1184. Société d'Anthropologie.
1185. Société des Antiquaires.
1186. Société des Architectes.
1187. Société Asiatique.
1188. Société de Biologie.
1189. Société Botanique de France.
1190. Société Centrale d'Horticulture de Paris.
1191. Société Chimique de Paris.
1192. Société de l'École des Chartes.
1193. Société d'Encouragement pour l'Industrie Nationale.

1194. Société Entomologique de France.
1195. Société d'Ethnographie.
1196. Société Française pour la conservation des Monuments Historiques.
1197. Société Française de Statistique Universelle (Acad. Nat. Agr. Manufactur. et Commerciale)
1198. Société de Géographie.
1199. Société Géologique de France.
1200. Société de l'Histoire de France.
1201. Société de l'Histoire du Protestantisme Français.
1202. Société d'Horticulture de la Seine.
1203. Société Impériale et Centrale d'Agriculture de France.
1204. Société Impériale et Centrale de Médecine Vétérinaire.
1205. Société des Ingenieurs Civils.
1206. Société Médicale Allemande de Paris.
1207. Société Médicale Homœopathique.
1208. Société Météorologique de France.
1209. Société Orientale de France.
1210. Société de Pharmacie.
1211. Société Philomatique.
1212. Société Polytechnique.
1213. Société de Statistique de Paris.

1214. **Perigueux**—Société d'Agriculture, Sciences et Arts de la Dordogne.
1215. **Perpignan**—Société Agricole, Scientifique et Littéraire des Pyrenées Orientales.
1216. **Poitiers**—Société d'Agriculture, Belles-Lettres, Sciences et Arts de Poitiers.
    1217. Société des Antiquaires de l'Ouest.
1218. **Poligny**—Société d'Agriculture, Sciences et Arts de Poligny.
1219. **Privas**—Société des Sciences Historiques et Naturelles de l'Ardèche.
1220. **Rambouillet**—Société Archéologique.
1221. **Reims**—Académie des Sciences, Belles-Lettres et Arts.
    1222. Muséum d'Histoire Naturelle de Reims.
    1223. Société des Sciences Naturelles.
1224. **Rennes**—Bibliothèque de Rennes.
    1225. Société Archéologique du Dép. d'Ille et Vilaine.
    1226. Société des Sciences Physiques et Naturelles du Dép. d'Ille et Vilaine.

1227. **Rochefort**—Société d'Agriculture, des Belles-Lettres, Sciences et Arts de Rochefort.
1228. **Rouen**—Académie des Sciences, Belles-Lettres et Arts de Rouen.
    1229. Bibliothèque de la Ville de Rouen.
    1230. Société des Amis des Sciences Naturelles de Rouen.
    1231. Société Libre d'Émulation du Commerce et de l'Industrie de la Seine inférieure.
1232. **Saint-Étienne**—Société de l'Industrie Minérale.
1233. **Saint-Jean-d'Angely**—Société Historique de St. Jean d'Angely.
1234. **Saint-Lo**—Société d'Agriculture, d'Archéologie et d'Histoire Naturelle du Dép. de la Manche.
1235. **Saint-Omer**—Société des Antiquaires.
1236. **Saint-Quentin**—Société Académique des Sciences, Arts, Belles-Lettres et Agriculture.
1237. **Senlis**—Comité Archéologique de Senlis.
1238. **Sens**—Société Archéologique.
1239. **Soissons**—Société des Sciences, Belles-Lettres et Arts.
1240. **Tarbes**—Société Académique des Hautes-Pyrénées.
1241. **Toulon**—Société Académique.
1242. **Toulouse**—Académie Impériale des Sciences, Inscriptions et Belles-Lettres de Toulouse.
    1243. Académie des Jeux Floraux.
    1244. Observatoire.
    1245. Société d'Histoire Naturelle de Toulouse.
    1246. Société Impériale de Médecine, Chirurgie et Pharmacie de Toulouse.
1247. **Tours**—Société d'Agriculture, des Sciences, des Arts et des Belles-Lettres.
1248. **Troyes**—Académie Royale de l'Aube.
    1249. Société d'Agriculture, Sciences, Arts et Belles-Lettres de l'Aube.
1250. **Valence**—Société Départementale d'Agriculture de la Drôme.
1251. **Valenciennes**—Société Impériale d'Agriculture, Sciences et Arts de l'Arrondissement de Valenciennes (Nord).
1252. **Vannes**—Société Polymathique du Morbihan.
1253. **Versailles**—Société d'Agriculture et des Arts de Seine et Oise.

1254. **Vesoul**—Commission d'Archéologie de la Haute-Saône.
    1255. Société d'Agriculture, Science et Arts de la Haute-Saône.
1256. **Vitry-le-Francois**—Société des Sciences et Arts de Vitry-le-François.

ITALY.

1257. **Arezzo** (*Tuscany*)—Accademia Valdarnese del Poggio.
1258. **Bergamo**—Accademia di Carrara di Belle Arti.
    1259. Ateneo di Bergamo.
    1260. Società Industriale Bergamasca.
1261. **Bologna**—Accademia delle Scienze dell' Istituto di Bologna.
    1262. Arch. per la Zoologia, l'Anatomia e la Fisiologia.
    1263. Gabinetto Anatomia dell' Università.
    1264. Museo di Geologia dell' Università.
    1265. Repertorium Italicum di Bianconi.
    1266. Scuola Anatomica di Bologna.
    1267. Società Agraria della Provincia di Bologna.
    1268. Società Medico-Chirurgica.
    1269. Università di Bologna.
1270. **Brescia**—Ateneo di Brescia.
1271. **Carrara**—Accademia Reale di Belle Arti.
1272. **Catania**—Accademia Gioenia di Scienze Naturali.
1273. **Faenza**—Società Scientifica e Letteraria.
1274. **Firenze (Florence)**—Accademia Economico-agraria dei Georgofili.
    1275. Biblioteca Marucelliana.
    1276. Biblioteca Nazionale.
    1277. Biblioteca Riccardiana.
    1278. Biblioteca di Sua Maestà il Re d'Italia.
    1279. Direzione dell' Archivio per l'Antropologia e la Entologia.
    1280. Istituto di Studi Superiori in Firenze.
    1281. Ministero di Agricoltura, Industria e Commercio.
    1282. Ministero della Guerra.
    1283. Ministero dell' Interno.
    1284. Ministero dell' Istruzione Pubblica.
    1285. Ministero dei Lavori Pubblici.
    1286. Ministero della Marina.

1287. Nuova Antologia di Firenze.
1288. Nuova Giornale Botanico Italiano.
1289. Reale Accademia della Crusca.
1290. R. Comitato Geologico d'Italia.
1291. Reale Museo di Fisica e Storia Naturale di Firenze.
1292. Regio Osservatorio.
1293. Società Entomologica Italiana.
1294. Società Geografica Italiana.
1295. Ufficio di Statistica Generale.

1296. **Genova (Genoa)**—Accademia delle Scienze, Lettere ed Arti.
1297. Accademia Medico-chirurgica di Genova.
1298. Museo Civico di Storia Naturale.
1299. Osservatorio.
1300. R. Istituto de Sordo-Muti.
1301. R. Istituto Tecnico e di Marina.
1302. Università.
1303. Società di Lettere e Conversazioni Scientifiche.
1304. Società Ligure di Storia Patria.

1305. **Lucca**—Reale Accademia dei Filomati.
1306. Reale Accademia Lucchese di Scienze, Lettere ed Arti.

1307. **Milano**—Accademia Fisio-medico-statistica di Milano.
1308. Accademia Scientifico-Letteraria.
1309. Ateneo di Scienze, Lettere ed Arti.
1310. Biblioteca Ambrosiana.
1311. Biblioteca Nazionale.
1312. Collegio degli Ingegneri ed Architetti.
1313. Giornale dell' Ingegnere, Architetto ed Agronomia.
1314. Istituto Tecnico.
1315. Municipio di Milano.
1316. Museo Civico di Storia Naturale.
1317. Museo Patrio d'Archeologia.
1318. Museo di Storia Naturale del fratelli Villa.
1319. Ospedale Maggiore di Milano.
1320. Reale Accademia di Belle Arti.
1321. Reale Gabinetto Numismatico.
1322. Reale Istituto Lombardo di Scienze e Lettere.
1323. Reale Istituto dei Sordo-muti.
1324. Reale Istituto Veterinario.
1325. Reale Osservatorio Astronomico di Brera.
1326. Società Agraria di Lombardia.

1327. Società degli Artisti.
1328. Società d'Incoraggiamento Arti e Mestieri.
1329. Società Italiana di Scienze Naturali.
1330. Società Lombardia di Economia Politica.
1331. Società Patriotica.
1332. Società Pedagogica Italiana.

1333. **Modena**—Accademia di Scienze, Lettere ed Arti.
1334. Osservatorio.
1335. Società Italiana delle Scienze.
1336. Società dei Naturalisti in Modena.
1337. Università di Modena.

1338. **Moncalieri**—Osservatorio del R. Collegio C. Alberto.

1339. **Napoli (Naples)**—Accademia degli Aspiranti Naturalisti.
1340. Accademia Pontaniana.
1341. Biblioteca Nazionale.
1342. Istituto di Belle Arti di Napoli.
1343. Museo Nazionale de Napoli.
1344. Osservatorio.
1345. Reale Accademia di Archeologia, Lettere e Belle Arti.
1346. Reale Accademia Ercolanese di Archeologia.
1347. Reale Accademia Medico-Chirurgica.
1348. Reale Accademia delle Scienze e Belle Lettere.
1349. R. Istit. d'Incoraggiamento alle Scienze Naturali, Economiche e Tecnologiche.
1350. R. Orto Botanico di Napoli.
1351. R. Scuola d'applicazione per gli Ingegneri.
1352. R. Scuola Superiore di Medicine Veterinaria.
1353. Società Reale di Napoli.
1354. Università.

1355. **Padova (Padua)**—Osservatorio Astronomico dell' Università.
1356. Reale Accademia di Scienze, Lettere ed Arti di Padova.

1357. **Palermo**—Accademia Palermitana di Scienze e Lettere.
1358. Biblioteca Nazionale.
1359. R. Istituto d'Incoraggiamento di Agricoltura, Arti e Manifatture in Sicilia.
1360. R. Istituto Tecnico.
1361. R. Osservatorio.
1362. Società di Acclimazione e di Agricoltura in Sicilia.

1363. **Parma**—Biblioteca Nazionale.
1364. **Pavia**—Accademia Malaspina.
    1365. Biblioteca Civica.
    1366. R. Università.
1367. **Pesaro**—Accademia Agraria di Pesaro.
1368. **Pisa**—R. Scuola Normale Superiore.
    1369. Università.
1370. **Pistoja**—R. Accademia di Scienze, Lettere ed Arti.
1371. **Ravenna**—Società Ravennate.
1372. **Roma**—Accademia Romana di Archeologia.
    1373. Biblioteca Vaticana.
    1374. British Academy of Fine Arts.
    1375. British Archæological Society.
    1376. Corrispondenza Scientifica in Roma.
    1377. Governo Pontificio.
    1378. Osservatorio Astronomico del Collegio Romano.
    1379. Ospedali.
    1380. Reale Accademia dei Lincei.
    1381. R. Istituto Fisio-Patologico di Roma.
1382. **Siena**—R. Accademia dei Fisiocritici.
    1383. Università (including Osservatorio).
1384. **Torino (Turin)**—Accademia Reale di Agricoltura.
    1385. Accademia Reale Medico-Chirurgica.
    1386. Accademia Reale delle Scienze.
    1387. Circolo Geografico Italiano.
    1388. Museo Industriale Italiano di Torino.
    1389. R. Accademia Albertina di Belle Arti.
    1390. R. Accademia di Medicina.
    1391. R. Scuola d'applicazione per gli Ingegneri.
    1392. R. Scuola Superiore di Medicina Veterinaria.
    1393. Regia Deputazione Sovra gli Studii di Storia Patria.
    1394. Regio Museo di Storia Naturale.
    1395. Regio Osservatorio dell' Università.
    1396. Università.
1397. **Udine**—Associazione Agraria Friulana.
    1398. R. Istituto Tecnico.
1399. **Venezia (Venice)**—Accademia di Belle Arti.
    1400. Ateneo Veneto.
    1401. Bibliotem Marciana.

1402. Biblioteca Publica.
1403. Mechitaristen-Collegium.
1404. R. Istituto Veneto di Scienze, Lettere ed Arti.
1405. **Verona**—Accademia d'Agricoltura, Commercio ed Arti di Verona.
1406. **Vicenza**—Accademia Olimpica di Agricultura, Scienze, Lettere ed Arti.

PORTUGAL.

1407. **Coimbra**—Universidade.
1408. **Lisboa (Lisbon)**—Academia Real das Sciencias.
    1409. Bibliotheca Nacional.
    1410. Escola do Exercito.
    1411. Escola Medico-cirurgica.
    1412. Escola Naval.
    1413. Escola Polytechnica.
    1414. Instituto Industrial de Lisboa.
    1415. Instituto Real de Agricultura e de Veterinaria.
    1416. Museo de Lisboa.
    1417. Observatorio Astronomico da Tapada.
    1418. Observatorio do Infante D. Luiz.
    1419. Observatorio Meteorologico na Escola Polytechnica.
    1420. Real Observatorio de Marinha.
    1421. Sociedade Pharmaceutica Lusitana.
    1422. Sociedade Real de Agricoltura Portugueza.
    1423. Sociedade das Sciencias Medicas de Lisboa.
1424. **Oporto**—Academia Polytechnica.
    1425. Escola Medico-cirurgica.
    1426. Pegueno Museo de Historia Natural da Camara Municipal do Porto.

SPAIN.

1427. **Barcelona**—Real Academia de Buenas Letras de Barcelona.
1428. **Madrid**—Acad. de las tres Nobles Artes de San Fernando.
    1429. Academia Especial de Ingenieros.
    1430. Biblioteca Nacional.
    1431. Observatorio de Madrid.
    1432. Real Academia de Ciencias de Madrid.
    1433. Real Academia de Ciencias Morales y Politicas.

GREAT BRITAIN AND IRELAND.

1434. Real Academia Española Arqueológica y Geográfica.
1435. Real Academia de la Historia.
1436. **San Fernando.**—Observatorio de Marina.
1437. **Valencia.**—Real Sociedad Económica.

GREAT BRITAIN AND IRELAND.

1438. **Aberdeen**—Observatory.
    1439. Philosophical Society.
    1440. University.
1441. **Alnwick**—Berwickshire Naturalists' Club.
1442. **Armagh**—Natural History Society.
    1443. Observatory.
    1444. Public Library.
1445. **Aylesbury**—Buckinghamshire Architectural and Archæological Society.
1446. **Bath**—Bath and West of England Agricultural Society.
    1447. Bath Natural History and Antiquarian Field Club.
1448. **Bedford**—Bedfordshire Architectural and Archæological Society.
1449. **Belfast**—Belfast Institution.
    1450. Belfast Naturalists' Field Club.
    1451. Chemico-Agricultural Society of Ulster.
    1452. Flax Extension Association.
    1453. Natural History and Philosophical Society.
    1454. Queen's College.
1455. **Birmingham**—Birmingham Natural History and Microscopical Society.
    1456. Free Reference Library.
    1457. Institution of Mechanical Engineers.
1458. **Blackburn**—Free Library and Museum.
1459. **Boston** (*Lincolnshire*)—Working Men's College.
1460. **Brighton**—Brighton and Sussex Natural History Society.
1461. **Bristol**—Bristol Institution for the Advancement of Science, Literature, and the Fine Arts.
    1462. Bristol Naturalists' Society.
    1463. City Library.
1464. **Bury St. Edmunds**—Suffolk Institute of Archæology and Natural History.

1465. **Cambridge**—Cambridge Antiquarian Society.
    1466. Cambridge Free Library.
    1467. Cambridge Observatory.
    1468. Cambridge Philosophical Society.
    1469. Journal of Anatomy and Physiology.
    1470. University Library.
1471. **Devizes**—Wiltshire Archæological and Natural History Society.
1472. **Devonshire**—Devonshire Association for the Advancement of Science, Literature, and Art.
1473. **Doncaster**—Yorkshire Institution for the Deaf and Dumb.
1474. **Dover**—East Kent Natural History Society.
1475. **Chester**—Chester and Cheshire Architectural and Archæological Society.
1476. **Churts** (*near Farnham*)—Mr. R. Carrington's Observatory.
1477. **Cirencester**—Royal Agricultural College.
1478. **Cork**—Cuvierian and Archæological Society.
    1479. Library of Queen's College.
    1480. Royal Cork Institution.
1481. **Cotteswold**—Cotteswald Naturalists' Field Club.
1482. **Dublin**—Catholic College of Ireland.
    1483. Catholic Institution for the Deaf and Dumb.
    1484. Chemical Society of Dublin.
    1485. Dublin Quarterly Journal of Science.
    1486. Dublin University Philosophical Society.
    1487. Dublin University Zoological and Botanical Association.
    1488. Institution of Civil Engineers of Ireland.
    1489. Institution for Deaf and Dumb (Claremont).
    1490. Irish Archæological and Celtic Society.
    1491. Library of Trinity College.
    1492. Natural History Society of Dublin.
    1493. Observatory.
    1494. Royal Dublin Society.
    1495. Royal Geological Society of Ireland.
    1496. Royal Irish Academy.
    1497. Royal Zoological Society of Ireland.
1498. **Dudley**—Dudley and Midland Geological and Scientific Society and Field Club.

1499. **Dumfries** — Dumfriesshire and Galloway Natural History and Antiquarian Society.
1500. **Durham** — Observatory.
1501. **Edinburgh** — Botanical Society.
    1502. Caledonian Horticultural Society.
    1503. Edinburgh Geological Society.
    1504. Edinburgh Watt Institution and School of Arts.
    1505. Faculty of Advocates.
    1506. Highland and Agricultural Society of Scotland.
    1507. Horological Society of Edinburgh.
    1508. Medico-Chirurgical Society of Edinburgh.
    1509. Meteorological Society of Scotland.
    1510. Pharmaceutical Society (North British Branch).
    1511. Royal College of Physicians.
    1512. Royal Institution for Encouragement of Fine Arts in Scotland.
    1513. Royal Observatory.
    1514. Royal Physical Society.
    1515. Royal Scottish Society of Arts.
    1516. Royal Society of Edinburgh.
    1517. Society of Antiquaries of Scotland.
    1518. University Library.
1519. **Eton** — Eton College.
1520. **Exeter** — Albert Memorial Museum.
1521. **Falmouth** — Royal Cornwall Polytechnic Society.
1522. **Farnboro' Station** (*Hants*) — Royal Military College.
1523. **Galway** — Library of Queen's College.
1524. **Glasgow** — Andersonian Institute
    1525. Archæological Society.
    1526. Geological Society.
    1527. Glasgow Medical Journal.
    1528. Institution of Engineers in Scotland.
    1529. Observatory.
    1530. Philosophical Society.
    1531. University Library.
1532. **Greenwich** — Royal Observatory.
1533. **Huddersfield** — Huddersfield Archæological Typographical Association.

LIST OF FOREIGN CORRESPONDENTS.

1534. **Hull**—Hull Literary and Philosophical Society. ⎫ Royal Institu-
1535. Subscription Library. ⎭ tion.
1536. **Keighley**—Keighley Agricultural Society.
1537. **Kew**—Royal Botanic Gardens.
1538. Observatory.
1539. **Kilkenny**—Royal Historical and Archæological Association of Ireland.
1540. **Kirkwall**—Orkney Antiquarian and Natural History Society.
1541. **Leamington**—Leamington Philosophical Society.
1542. **Leeds**—Geological and Polytechnic Society of the West Riding of Yorkshire.
1543. Leeds Philosophical and Literary Society.
1544. Leeds Public Library.
1545. **Leicester**—Leicester Free Library.
1546. Leicester Literary and Philosophical Society.
1547. **Lewes**—Sussex Archæological Society.
1548. **Leyton** (*Essex*)—Private Observatory of Joseph G. Barclay.
1549. **Liverpool**—Anthropological Society.
1550. Architectural and Archæological Society.
1551. Derby Museum.
1552. Free Public Library, Museum, and Gallery of Art of the Town of Liverpool.
1553. Geological Magazine.
1554. Geological Society.
1555. Historic Society of Lancashire and Cheshire
1556. Literary and Philosophical Society.
1557. Liverpool Chemists' Association.
1558. Liverpool Naturalist's Field Club.
1559. Liverpool Polytechnic Society.
1560. Observatory.
1561. Royal Institution.
1562. **London**—Her Majesty the Queen of Great Britain and Ireland.
1563. William Wesley, Bookseller, 28 Essex Street, Strand (*Agent Smithsonian Institution*).
1564. Aborigines Protection Society.
1565. Aëronautical Society of Great Britain.
1566. Annals and Magazine of Natural History.
1567. Anthropological Institute of Great Britain and Ireland.
1568. Architectural Publication Society.

1569. Art Union of London.
1570. Arundel Society.
1571. Athenæum Club.
1572. Mr. Bishop's Observatory, 18 Ropemaker's St., Finsbury.
1573. Board of Admiralty.
1574. Board of Trade.
1575. British Archæological Association.
1576. British Association for the Advancement of Science.
1577. British Government.
1578. British Homœopathic Society.
1579. British Horological Institute.
1580. British Meteorological Society.
1581. British Museum.
1582. Camden Society.
1583. Caxton Society.
1584. Chemical News.
1585. Chemical Society of London.
1586. Chemist and Druggist.
1587. Chronological Institute of London.
1588. Civil and Mechanical Engineers Society
1589. Corps of Royal Engineers.
1590. Department of Practical Art.
1591. Duke of Northumberland.
1592. English Mechanic and Mirror of Science.
1593. Entomological Society.
1594. Entomologists' Monthly Magazine.
1595. Entomologist.
1596. Epidemiological Society.
1597. Ethnological Journal.
1598. Prof. W. H. Flower.
1599. Genealogical and Historical Society.
1600. Geological Magazine.
1601. Geological Society of London.
1602. Geologists' Association.
1603. Great Seal Patent Office.
1604. Guy's Hospital Physical Society.
1605. Hakluyt Society.
1606. Hardwicke's Science-Gossip.
1607. Harveian Medical Society of London.
1608. Hunterian Society.

1609. The Ibis, a Magazine of General Ornithology.
1610. Institute of Actuaries of Great Britain and Ireland.
1611. Institution of Civil Engineers.
1612. Institution of Naval Architects.
1613. Institution of Hydronomical and Nautical Engineers.
1614. Inventors' Institute.
1615. Journal of Applied Science.
1616. Land and Water.
1617. Library of Committee of Privy Council for Trade.
1618. Library of Corporation of City of London.
1619. Library of the Foreign Office.
1620. Library of the Hon. the East India Company.
1621. Library of the House of Commons.
1622. Library of the House of Lords.
1623. Linnæan Society.
1624. London, Edinburgh, and Dublin Philosophical Magazine.
1625. London Institution (Finsbury Circus).
1626. London Library.
1627. London Mathematical Society.
1628. London Mechanics' Institution.
1629. London and Middlesex Archæological Society.
1630. Medical Society of London.
1631. Meteorological Office, 110 Victoria Street.
1632. Museum of Practical Geology.
1633. National Association for the Promotion of Social Science.
1634. Nature.
1635. Nautical Almanac Office.
1636. Numismatic Society.
1637. Obstetrical Society of London.
1638. Odontological Society.
1639. Palæontographical Society.
1640. Palæontological Society.
1641. Pathological Society.
1642. Pharmaceutical Society.
1643. Philological Society.
1644. Photographic Society.
1645. Popular Science Review.
1646. Post-Office Library and Literary Association.
1647. Quarterly Journal of Science.

1648. Quekett Microscopical Club.
1649. Ray Society.
1650. Royal Agricultural Society of England.
1651. Royal Archæological Institute of Great Britain and Ireland.
1652. Royal Asiatic Society of Great Britain and Ireland.
1653. Royal Astronomical Society.
1654. Royal Botanic Society.
1655. Royal College of Physicians of London.
1656. Royal College of Surgeons of England.
1657. Royal Geographical Society of London.
1658. Royal Horticultural Society of London.
1659. Royal Humane Society.
1660. Royal Institute of British Architects.
1661. Royal Institution of Great Britain.
1662. Royal Medical and Chirurgical Society.
1663. Royal Microscopical Society.
1664. Royal National Life-Boat Institution.
1665. Royal Society of Literature.
1666. Royal Society of London.
1667. Royal United Service Institution.
1668. General Sir Edward Sabine.
1669. Scientific Opinion.
1670. Silk Supply Association.
1671. St. Bartholomew's Hospital.
1672. Society of Antiquaries of London.
1673. Society of Apothecaries of London.
1674. Society for the Encouragement of Arts, Manufactures, and Commerce.
1675. Society of Engineers.
1676. Society for the Promotion of Christian Knowledge.
1677. Society for the Propagation of the Gospel in Foreign Parts.
1678. Statistical Society of London.
1679. Student and Intellectual Observer.
1680. Surrey Archæological Society.
1681. Syro-Egyptian Society.
1682. Trübner & Co., Booksellers, 8 Paternoster Row.
1683. University College.
1684. Victoria Institute; or Philosophical Society of Great Britain.

1685. Zoological Society of London.
1686. Zoologist.
1687. Zoological Record Association.
1688. **Londonderry**—Magee College.
1689. **Macclesfield**—Macclesfield Society for Acquiring Useful Knowledge.
1690. **Maidstone**—Kent Archæological Society.
1691. **Manchester**—Chetham's Library.
1692. Geological Society.
1693. Lancashire Independent College.
1694. Literary and Philosophical Soc. of Manchester.
1695. Manchester Field Naturalists' Society.
1696. Manchester Free Library and Museum.
1697. Manchester Scientific Students' Association.
1698. Numismatic Society.
1699. Owen's College.
1700. **Maynooth**—College Library.
1701. **Montrose**—Montrose Natural History and Antiquarian Society.
1702. **Newcastle-upon-Tyne**—Antiquarian Society.
1703. Literary and Philosophical Society.
1704. Natural History Society of Northumberland, Durham, and Newcastle-upon-Tyne.
1705. North of England Institute of Mining Engineers.
1706. Reading Room.
1707. Tyneside Naturalists' Field Club.
1708. **Norwich**—Norfolk and Norwich Archæological Society.
1709. Norfolk and Norwich Museum.
1710. Norfolk and Norwich Naturalists' Society.
1711—**Nottingham**—Free Library and Museum of the Borough of Nottingham.
1712. Nottingham Literary and Philosophical Society.
1713. Nottingham Mechanics' Institution.
1714. Nottingham School of Art.
1715. United Lunatic Asylum.
1716. **Oxford**—Ashmolean Society.
1717. Bodleian Library.
1718. Magdalen College.
1719. Museum of Natural History.
1720. Oxford Architectural Society.

1721. Oxford Free Library.
1722. Oxford University Entomological Society.
1723. Radcliffe Library.
1724. Radcliffe Observatory.
1725. **Peebles**—The Chambers Institution.
1726. **Penzance**—Natural History and Antiquarian Society.
1727. Royal Geological Society of Cornwall.
1728. **Perth**—Murray Royal Institution.
1729. **Plymouth**—Plymouth Institution and Devon and Cornwall Natural History Society.
1730. Plymouth Museum.
1731. **Richmond**—Richmond and North Riding Naturalists' Field Club.
1732. **Ryde** (*Isle of Wight*)—Philosophical and Scientific Society.
1733. **St. Albans**—St. Albans Architectural and Archæological Society.
1734. **St. Andrews**—University Library.
1735. **Salford**—Salford Borough Royal Museum and Library.
1736. Town Council of Salford.
1737. **Salisbury**—Blackmore Museum.
1738. Wiltshire Archæological and Natural History Society.
1739. **Sheffield**—Literary and Philosophical Society.
1740. **Shrewsbury**—Shropshire and North Wales Natural History and Antiquarian Society.
1741. **Southampton**—Hartley Institution.
1741a. Ordnance Trigonometrical Survey of Great Britain and Ireland.
1742. South of England Literary and Philosophical Society.
1743. **Stonyhurst**—Stonyhurst College.
1744. **Swansea**—Royal Institution of South Wales.
1745. South Wales Institute of Engineers.
1746. **Taunton**—Somersetshire Archæological and Natural History Society.
1747. **Tenby**—Cambrian Archæological Association.
1748. Cambrian Institute.
1749. **Torquay**—Natural History Society.
1750. **Truro**—Royal Institution of Cornwall.

1751. **Warwick**—Warwickshire Natural History and Archæological Society.
1752. **Whitby**—Literary and Philosophical Society.
1753. **Woolwich**—Royal Artillery Institution.
  1754. Royal Military Academy.
1755. **Woolhope**—Woolhope Naturalist's Field Club.
1756. **Wycombe**—High Wycombe Natural History Society.
1757. **York**—Yorkshire Agricultural Society.
  1758. Yorkshire Philosophical Society.

GREECE.

1759. **Athens**—Ethnike Bibliotheke tes Hellados (National Library, Greece).
  1760. National University.
  1761. Natural History Museum of the University of Athens.
  1762. Observatory.
  1763. Royal Library.
  1764. Société Archéologique d'Athènes.

TURKEY.

1765. **Belgrad** (*Serbia*)—Drushtvo srbske Slovesmosti (Society of Serbian Literature).
  1766. Praviteljstvena Biblioteka (State Library).
1767. **Constantinople**—His Imperial Majesty the Sultan.
  1768. Académie Impériale de Médecine.
  1769. American College.
  1770. Anjuman 1 Danish (*Society for Advancement of Turkish Literature*).
  1771. Bureau de Statistique.
  1772. Gazette Médicale d'Orient.
  1773. Hellenic Philological Society of Constantinople.
  1774. Jemiyet Ilamiyeh Osmaniyeh (*Ottoman Scientific Society*).
  1775. Société Orientale de Constantinople.

AFRICA.

1776. **Alexandria**—Institut Égyptienne.
1777. **Algiers**—Bibliothèque de la Ville d'Alger.
    1778. École de Médecine et de Pharmacie d'Alger (Université de France).
    1779. Société d'Agriculture d'Alger.
    1780. Société Algérienne de Climatologie, Sciences Physiques et Naturelles.
1781. **Cape Town**—Agricultural Society.
    1782. Royal Observatory.
    1783. South African Museum.
    1784. South Africa Public Library.
1785. **Constantine**—Société Archéologique de la Province de Constantine.
1786. **Grand Cairo**—Bibliothèque Centrale.
    1787. The Egyptian Society.
1788. **Liberia**—Government Library.
1789. **Mauritius**—Royal Society of Arts and Sciences.
    1790. Société d'Histoire Naturelle de l'Isle Maurice.
1791. **Port Louis**—Meteorological Society of Mauritius.
1792. **St. Helena**—Magnetic and Meteorological Observatory.
    1793. St. Helena Library.

ASIA.

1794. **Allahabad**—Mission College.
1795. **Batticotta** (*Ceylon*)—Jaffna College.
1796. **Batavia**—Bataviaasch Genootschap van Kunsten en Wetenschappen.
    1797. Geneeskundige Vereeniging in Nederlandsch-Indië (Medical Association).
    1798. Koninlijke Natuurkundige Vereeniging in Nederlandsch-Indië.
    1799. Nederlandsch-Indische Maatschappij van Nijverheid en Landbouw (Industrial Society).
1800. **Beirut**—Syrian Protestant College.
1801. **Benares**—Sanscrit College.
1802. **Bombay**—Bombay Government.
    1803. Bombay Mechanics' Institution.

1804. Bombay University.
1805. Geographical Society.
1806. Government Central Museum.
1807. Magnetical and Meteorological Observatory.
1808. Royal Asiatic Society (Bombay Branch).
1809. **Calcutta**—Asiatic Society.
    1810. Agricultural and Horticultural Society of India.
    1811. Geological Survey of India.
    1812. Indian Medical Gazette.
    1813. Medical and Physical Society.
    1814. Meteorological Office.
    1815. Museum.
1816. **Colombo**—Royal Asiatic Society (Ceylon Branch).
1817. **Dehra Doon**—Great Trigonometrical Survey of India.
1818. **Hong Kong**—Royal Asiatic Society (China Branch).
1819. **Kurrachee**—General Library and Museum.
1820. **Madras**—Literary Society.
    1821. Madras Museum.
    1822. Madras Observatory.
1823. **Manilla**—Observatorio Meteorologico del Ateneo Municipal.
    1824. Royal Economical Society of the Philippine Islands.
1825. **Neilgherries**—Public Library.
1826. **Rourkee**—Thomason College of Civil Engineering.
1827. **Shanghai**—Royal Asiatic Society of China (North China Branch).
1828. **Yeddo**—Emperor of Japan.

AUSTRALIA.

1829. **Adelaide**—Adelaide Philosophical Society.
    1830. Astronomical Observatory.
    1831. Government of South Australia.
1832. **Brisbane** (*Queensland*)—Government Meteorological Observatory.
1833. **Emerald Hill**—(*Victoria*)—Mechanics' Institute.
1834. **Hobarton** (*Tasmania*)—Magnetic and Meteorological Observatory.
    1835. Mechanics' Institute.

1836. Royal Society of Tasmania.
1837. Tasmanian Public Library.
1838. **Launceston** (*Tasmania*)—Launceston Public Library.
    1839. Mechanics' Institute and School of Arts.
1840. **Melbourne**—Acclimatisation Society of Victoria.
    1841. Botanic Garden.
    1842. Government of Victoria.
    1843. Melbourne Observatory.
    1844. Mining Department.
    1845. National Museum of Victoria.
    1846. Natural History Society.
    1847. Public Library.
    1848. Royal Society of Victoria.
    1849. University of Melbourne.
1850. **Sydney**—Agricultural Society of New South Wales.
    1851. Government Observatory.
    1852. Philosophical Society of New South Wales.
    1853. Public Museum.
    1854. University of Sydney.

NEW ZEALAND.

1855. **Auckland**—Auckland Institute.
    1856. U. S. Consul.
1857. **Christchurch**—Canterbury Museum.
    1857*b*. Geological Survey of the Province of Canterbury.
    1858. Philosophical Institute of Canterbury.
1859. **Nelson**—Nelson Association for the Promotion of Science and Industry.
    1860. Nelson Institute.
1861. **Otago**—Otago Institute.
1862. **Wellington**—New Zealand Institute.
    1863. Parliamentary Library.
    1864. Wellington Philosophical Society.
    1865. Westland Naturalists' and Acclimatization Society.

LIST OF FOREIGN CORRESPONDENTS.

POLYNESIA.

1866. **Honolulu** (*Sandwich Islands*)—Royal Hawaiian Agricultural Society.

AMERICA (exclusive of British America).

1867. **Bogota**—Republic of Colombia.
    1868. Sociedad de Naturalistas Columbianos.
1869. **Buenos Aires**—Académie des Sciences.
    1870. Instituto Histórico Geográfico del Rio de la Plata.
    1871. Museo Publico de Buenos-Aires.
    1872. Sociedad Palæontologica de Buenos-Aires.
    1873. Sociedad Rural Argentina.
    1874. Statistical Bureau.
1875. **Caracas** (*Venezuela*)—Sociedad de Ciencias Fisicas y Naturales do Caracas.
    1876. Sociedad Economica de Amigos del Pais.
1877. **Cordova** (*Argentine Republic*)—Observatorio Nacional Argentino.
1878. **Chuquisaca** (*Bolivia*)—University.
1879. **Georgetown** (*British Guiana*)—Observatory.
    1880. Queen's College.
    1881. Royal Agricultural and Commercial Society.
1882. **Guatemala** (*Guatemala*)—Sociedad Economica de Amigos del Pais.
1883. **Habana** (*Cuba*)—Inspeccion General de Telegrafos.
    1884. Observatorio Magnético y Meteorológico del Real Colegio de Belen.
    1885. Real Academia de Ciencias Médicas, Fisicas y Naturales de la Habana.
    1886. Real Observatorio Fisico-Meteorológico de la Habana.
    1887. Real Sociedad Económica de la Habana.
    1888. Real Universidad de la Habana.
1889. **Kingston** (*Jamaica*)—Royal Society of Arts of Jamaica.
1890. **Lima** (*Peru*)—National Library.
    1891. Statistical Bureau.
    1892. University.
1893. **Mexico** (*Mexico*)—Colegio de Minerva.
    1894. El Museo Nacional.

AMERICA (EXCLUSIVE OF BRITISH AMERICA). 63

1895. Escuela de Agricultura.
1896. Mexican Government.
1897. Sociedad Humboldt.
1898. Sociedad Médica.
1899. Sociedad Mexicana de Geografía y Estadística.
1900. Sociedad Mexicana de Historia Natural.
1901. **Paramaribo** (*Surinam*) — Surinaamsche Koloniale Bibliotheek.
1902. **Port of Spain** (*Trinidad*)—Scientific Association of Trinidad.
1903. **Quito** (*Ecuador*)—Observatorio del Colegio Nacional.
1904. **Rio Janeiro** (*Brazil*)—Emperor of Brazil.
    1905. British Library.
    1906. Instituto Historico, Geographico e Ethnographico do Imperio do Brazil.
    1907. Nautical Observatory.
    1908. Royal Geographical Society.
    1909. Royal Museum.
    1910. Sociedad Auxiliadora de Industria Nacional.
1911. **San José** (*Costa Rica*)—University of Costa Rica.
1912. **Santiago** (*Chile*)—Academia Militar.
    1913. Biblioteca Nacional.
    1914. El Plano Topographico.
    1915. Ministro de Instruccion Publica.
    1916. Museo Nacional.
    1917. Observatorio Nacional de Santiago.
    1918. Sociedad de Historia Natural.
    1919. Universidad de Chile.

SYSTEMATIC INDEX

TO

LIST OF FOREIGN CORRESPONDENTS

OF THE

SMITHSONIAN INSTITUTION.

---

1. Academies of Science. *See* **Science.**

2. Acclimation.
- 121. Moscow. (Soc. Acclimat. Plants and Animals.) 6.
- 323. Berlin. Akklimatisations-Ver. 13.
- 1183. Paris. Soc. d'Acclimatation. 41.
- 1640. Melbourne. Acclimat. Soc. 61.

3. Acclimation and Agriculture.
- 1362. Palermo. Soc. di Acclimazione e di Agricol. 46.

4. Actuaries. *See* **Statistics.**

5. Admiralty. *See* **Naval Affairs.**

6. Æronautics.
- 1565. London. Æronautical Soc. 52.

7. Agents Smithsonian Institution.
- 21. Stockholm. K. S. Vetens. Ak. 1.
- 29. Christiania. K. N. F. Universitetet. 2.
- 64. Copenhagen. K. D. Vid. Selsk. 3.
- 229. Amsterdam. Frederic Müller. 11.
- 629. Leipzig. Dr. Felix Flügel. 25.
- 1142. Paris. Gustave Bossange. 40.
- 1322. Milan. R. I. Lomb. di Scienze, etc. 45.
- 1432. Madrid. R. Acad. di Sciencias. 44.
- 1593. London. William Wesley. 52.

8. Agriculture (including Forest and Rural Economy). *See also* Section 9 to 15.
- 14. Stockholm. R. Acad. of Agricul. 1.
- 56. Copenhagen. Soc. of Rural Econ. 3.
- 107. Lebedjan. Soc. of Rural Economy. 5.
- 117. Moscow. Imp. Soc. of Rural Econ. 6.
- 129. Petrofsky, Agric. Acad. 6.
- 141. Odessa. Soc. Rural Economy of S. Russia. 7.
- 184. St. Petersburg. Forest Academy. 9.
- 210. " " Agronom. Inst. 10.
- 282. Zwolle. Friend of the Agricult. 14.
- 292. Germany. Ver. Südd. Forstwirths. 14.
- 293. " Vers. D. Land. Forstw. 14.
- 297. Agram. K. K. Landwirthsch. Ges. 14.
- 310. Arolsen. Landwirthsch. Verein. 15.
- 312. Augsburg. Landwirthsch. Verein. 15.
- 341. Berlin. Landw. Oekonom. Colleg. 16.
- 362. " Landwirths. Centralblat. 16.
- 380. Bonn. Landwirths. Central-Ver. 17.
- 399. Bremen. Landwirthsch. Verein. 18.
- 405. Breslau. Landwirth. Central-Ver. 18.
- 412. Bromberg. Landwirths. Cen. Ver. 18.
- 413. Brünn. K. K. Ackerbau-Nat. Landeskunde. 18.
- 472. Celle. Kön. Landwirths. Ges. 19.
- 427. Czernowitz. Ver. für Landwh. 19.
- 428. Danzig. Hauptverein preuss. Landwirthe. 19.
- 468. Eldena. Balt. Ver. Landwirths. 20.
- 470. " N. Landwirths. Akad. 20.
- 500. Görtz. K. K. Ackerbau Gesellsh. 21.

1

813. Gottingen. Jour. für Landwirths. 21.
820. Graz. K. K. Landwirthsch. Ges. 21.
824. Landschaftlich. Jahresnum. 21.
829. Gumbinnen. Landw. Centr. Ver. 21.
867. Hohenheim. K. Land- und Forstw. Akademie. 21.
870. Innsbruck. K. K. Landwirth. Ges. 23.
874. Jena. Landwirthschaftliches Inst. 23.
877. Zeitschrift für D.-öst. Landw. 23.
882. Karlsruhe. Centralstelle für die Landwirthschaft. 23.
890. Kassel. Landwirth. Central-Ver. 23.
898. Kiel. Landwirths. Gen. Ver. 24.
906. Klagenfurt. Landwirths. Ges. 24.
913. Konigsberg. Landwirths. Cent. 24.
925. Laibach. Landwirthschaft. Ges. 24.
937. Leipzig. Landwirths. Kreisverein. 25.
953. Liegnitz. Landwirthschaft. Ver. 25.
957. Linz. K. K. Landwirthschaft-Ges. 25.
993. Munchen. Landwirthschaft. Ver. 26.
998. Munster. Landw. Provinz. Ver. 27.
704. Neu Titschin. Landwirths. Ver. 27.
736. Potsdam. Landwirths. Prov. Ver. 25.
763. Salzburg. K. K. Landwirths. Ges. 29.
770. Sigmaringen. Ver. zur Beförderung Landwirthschaft. 29.
773. Sondershausen. Ver. zur Beförderung der Landwirths. 29.
788. Stuttgart. K. Centralstelle für die Landwirthschaft. 29.
807. Tubingen. Landwirth-chaft. Ver. 30.
807. Weihenstephan. Landwirthschaftl. Central-Schule. 30.
820. Wien. Landwirthschafts-Ges. 31.
852. Wiesbaden. Ver. Nassau. Land- und Forstwirths. 31.
903. Lausanne. Soc. d'Agric. Suisse Romande. 63.
961. Brussels. Soc. Centr. d'Agricult. 34.
1016. Namur. Soc. Agricole et Forest. 36.
1074. Bourges. Soc. d'Agricult. 38.
1092. Dijon. Soc. d'Agricult. et d'Industrie Agricole. 38.
1119. Marseilles. Soc. du Dép. d'Agric. 39.
1127. Montpellier. Messager Agricole. 40.
1129. Soc. Centrale d'Agriculture. 40.
1165. Paris. Journal d'Agric. pratique. 41.
1203. Soc. Imp. Centrale d'Agric. 42.
1250. Valence. Soc. d'Agriculture de la Drôme. 43.
1267. Bologna. Soc. Agraria. 44.
1374. Florence. Acad. Econ. agraria. 44.

1326. Milano. Soc. Agrar. di Lombard. 45.
1367. Pesaro. Acrad. Agraria. 47.
1384. Turin. Acrad. di Agricoltura. 47.
1397. Udine. Associazione Agraria. 47.
1415. Lisbon. Instit. R. de Agricultura e Veterin. 48.
1422. Soc. R. de Agricol. 49.
1446. Bath. Agric. Soc. 49.
1451. Belfast. Chemico-Agric. Soc. 49.
1477. Cirencester. R. Agricult. Col. 50.
1506. Edinburgh. Highl. Agric. Soc. 51.
1536. Keighley. Keighley Agricult. Soc. 52.
1550. London. R. Agric. Soc. 55.
1757. York. Agricult. Soc. 58.
1770. Algiers. Sociétés d'Agriculture. 59.
1781. Cape Town. Agricultural Soc. 59.
1850. Sidney. Agricult. Soc. 61.
1873. Buenos Ayres. Soc. Rural Argent. 62.
1866. Honolulu. R. Agricult. Soc. 62.
1893. Mexico. Escuela de Agricultura. 63.

8. Agriculture, Arts, and Commerce.

14. Stockholm. R. Acad. of Agricult. 10.
513. Gottingen. Journ. für Landwirths. 21.
1044. Angouleme. Soc. d'Agricult., Arts et Commerce. 37.
1076. Caen. Soc. Agric. et Commerce. 38.
1113. Lyon. Soc. de l'Agric., Hist. Nat. et Arts Utiles. 39.
1359. Palermo. R. Istituto d'Incoragg. di Agricol. Arti e Manifatt. 46.
1406. Verona. Accad. d'Agricol. Comm. e Arti. 48.
1881. Georgetown. R. Agricult. Commercial Soc. 62.

10. Agriculture and Horticulture.

261. Hoorn. Cercle Agric. et Hortic. 13.
925. Zurich. Ver. für Landwirth. Gartenbau. 33.
957. Ghent. Soc. R. d'Agricult. et de Botanique. 35.
1136. Nice. Soc. Centr. d'Agricult., d'Horticult et d'Acclimatation. 40.
1810. Calcutta. Agricult. Horticult. Soc. 60.

11. Agriculture. See Acclimation.

12. Agriculture, Arts, Belles-Lettres, and Science. See also Science.

SYSTEMATIC INDEX.

13. **Agriculture, Arts, Industry, and Science.** *See* **Science.**

14. **Agriculture, Arts, Science.** *See* **Science.**

15. **Agriculture, Commerce, and Science.** *See* **Science.**

16. **Agriculture and Veterinary Science.** *See* **Veterinary.**

17. **Alpine Club.** *See* **Geography.**

18. **Apothecaries.** *See* **Pharmacy.**

19. **Anatomy.** *See also* **Medicine and Surgery.**
    - 358. Berlin. Archiv für path. Anat. 16.
    - 961. Brussels. Soc. Anatomo-patholog. 34.
    - 1256. Bologna. Scuola Anatom. 44.
    - 1469. Cambridge. Journ. Anat. Phys. 50.

20. **Animals; Protection of.**
    - 306. Altona. Thierschutz-Verein. 16.
    - 369. Berlin. Thierschutz-Verein. 17.
    - 461. Dresden. Thierschutz-Verein. 18.
    - 648. Hamburg. Thierschutz-Verein. 22.
    - 848. Wien. Thierschutz-Verein. 31.
    - 975. Brussels. R. Soc. prot. Animaux. 35.

21. **Anthropology.** *See* **Ethnology.**

22. **Antiquities and Archaeology in General.**
    - 2. General. Cong. Intern. d'Arch. préhist. 1.
    - 23. Christiania. Soc. for the Pres. of Norw. Antiquities. 2.
    - 36. Antiquaria Soc. 2.
    - 53. Copenhagen. Soc. of North. Antiquaries. 3.
    - 120. Moscow. Archaeological Soc. 6.
    - 133. Narwa. Archaeological Soc. 7.
    - 159. St. Petersburg. Arch. Com. of the Min. of Pub. In. 8.
    - 164. L. Archaeol. Com. 8.
    - 165. I. Archaeol. Soc. 8.
    - 214. Tiflis. Caucas. Soc. Rur. Economy. 10.
    - 218. Vilna. Archaeol. Commiss. 10.
    - 367. Bonn. Ver. Alterthumsfreunde. 17.
    - 455. Dresden. K. Ver. für vaterl. Alterthümer. 18.
    - 486. Freiberg. Alterthums-Ver. 20.
    - 532. Halle. Landwirths. Central-Ver. 22.
    - 693. Kiel. Ges. Erhaltung vaterl. Alterthümer. 24.
    - 801. Heidelberg. Landwirths. Bez-Ver. 22.
    - 868. Hohenleuben. Alterthums. Verein. 23.
    - 881. Karlsruhe. Bad Alterthums-Ver. 25.
    - 643. Lüneburg. Alterthums-Ver. 26.
    - 675. Meiningen. Alterthumsforsch.Ver. 26.
    - 779. Strassburg. Soc. pour la Conserv. des Monuments hister. d'Alsace. 29.
    - 794. Stuttgart. Alterthums-Ver. 30.
    - 873. Basel. Ges. vaterländische Alterthümer. 32.
    - 896. Geneve. Soc. d'Hist. et d'Archéologie. 33.
    - 918. Zürich. Ges. für Vaterländ. Alterthümer. 33.
    - 926. Antwerp. Acad. d'Archéologie. 33.
    - 958. Brussels. Musée R. d'Antiq. d'Armures et d'Artill. 34.
    - 996. Liege. Institut Archéol. Liégois. 35.
    - 1010. Mons. Cercle Archéologique. 36.
    - 1017. Namur. Soc. Archéologique. 36.
    - 1020. St. Nicolas. Cercle Archéolog. 36.
    - 1022. Termonde. Cercle Archéolog. de la Ville. 36.
    - 1030. Amiens. Soc. des Antiquaires. 37.
    - 1045. Angouleme. Soc. Archéologique. 37.
    - 1047. Arles. Commission Archéologique. 37.
    - 1051. Avignon. Soc. Archéologique. 37.
    - 1059. Beziers. Soc. Archéologique. 37.
    - 1064. Bordeaux. Commis. Monuments et Docum. hist. 38.
    - 1079. Caen. Soc. des Antiq. de Normandie. 38.
    - 1085. Chalons-sur-Saone. Soc. Archéol. 38.
    - 1086. Chartres. Soc. Archéol. d'Eure et Loire. 39.
    - 1091. Dijon. Commiss. Archéol. 38.
    - 1108. Limoges. Soc. Archéologique. 39.
    - 1121. Mayenne. Soc. Archéologique. 39.
    - 1129. Montpellier. Soc. Archéolog. 40.
    - 1141. Orleans. Soc. Archéol. 40.
    - 1155. Paris. Comité d'Archéologie Americaine. 41.
    - 1185. Soc. des Antiquaires. 41.

1217. **Poitiers.** Soc. des Antiquaires de l'Ouest. 42.
1220. **Rambouillet.** Soc. Archéologique. 42.
1225. **Rennes.** Soc. Archéol. 42.
1225. **Saint-Omer.** Société des Antiquaires. 43.
1237. **Senlis.** Comité Archéologique. 43.
1238. **Sens.** Soc. Archéologique. 43.
1254. **Vesoul.** Commiss. d'Archéologie. 44.
1346. **Naples.** Accad. Ercolan. Archeol. 46.
1372. **Rome.** Accad. Archeologia. 47.
1375. British Archæological Soc. 47.
1445. **Aylesbury.** Architect. and Archæol. Soc. 49.
1448. **Bedford.** Architectural and Archæol. Soc. 49.
1464. **Bury St. Edmunds.** Inst. d'Archæol. and Nat. Hist. 49.
1465. **Cambridge.** Antiquarian Soc. 50.
1473. **Chester.** Architect. Archæolog. Soc. 50.
1517. **Edinburgh.** Soc. of Antiquaries. 51.
1525. **Glasgow.** Archæological Soc. 51.
1533. **Huddersfield.** Archæol. Typograph. Assoc. 51.
1547. **Lewes.** Archæolog. Soc. 52.
1575. **London.** Brit. Archæol. Assoc. 53.
1629. Archæolog. Soc. 54.
1651. Archæol. Inst. 54.
1672. Soc. of Antiquaries. 55.
1680. Surrey Archæol. Soc. 55.
1690. **Maidstone.** Archæological Soc. 56.
1702. **Newcastle-upon-Tyne.** Antiquarian Soc. 56.
1708. **Norwich.** Archæolog. Soc. 56.
1747. **Tenby.** Archæol. Association. 57.
1764. **Athens.** Soc. Archéologique. 58.
1783. **Constantine.** Soc. Archéolog. 59.

23. Antiquities and Art.
805. **Ulm.** Ver. Kunst and Alterthum. 30.

24. Antiquities and Geography.
1434. **Madrid.** R. Acad. Arqueolog. y Geografica. 49.

25. Antiquities, Belles-Lettres, and History.
16. **Stockholm.** Royal Acad. of Belles-Lettres, Hist. and Antiq. 1.

26. Antiquities and History.
115. **Moscow.** Imp. Soc. of R. History and Antiquities. 6.
142. **Odessa.** Hist. and Antiq. Soc. 7.
165. **Riga.** Hist. and Antiq. Soc. of Russ. Baltic Prov. 8.
298. **Agram.** Ges. Geschichte Alterthümer. 14.
301. **Allenburg.** Ver. der D. Ges. Alter. 14.
302. **Altenburg.** Geschichte Alterthums Ges. 15.
769. **Schwerin.** Ver. Meckl. Gesch. und Alterthumskunde. 29.
776. **Stade.** Ver. für Gesch. und Alterthümer. 29.
778. **Stettin.** Ges. für pommersche Gesch. und Alterthumskunde. 29.
812. **Wernigerode.** Ver. für Gesch. Alterthumskunde. 30.
850. **Wiesbaden.** Ver. für Nassau. Gesch. u. Alterthumskunde. 31.
1103. **Langres.** Soc. Hist. et Archéolog. 39.
1490. **Dublin.** Irish Archæolog. and Celtic Soc. 50.
1539. **Kilkenny.** S. Hist. Archæological Association. 52.

27. Antiquities, History, and Philology.
262. **Leeuwarden.** Soc. of History, Antiquity, and Philology. 13.

28. Antiquities and Natural Philology.
1471. **Devizes.** Archæol. Nat. Hist. Soc. 50.
1447. **Bath.** Nat. Hist. and Antiq. Field Club. 49.
1478. **Cork.** Cuvierian and Archæol. Soc. 50.
1499. **Dumfries.** Nat. History and Antiquarian Soc. 51.
1540. **Kirkwall.** Orkney Antiquarian and Nat. Hist. Soc. 52.
1701. **Montrose.** Montrose Nat. Hist. Antiquarian Soc. 56.
1726. **Penzance.** Nat. Hist. and Antiquarian Soc. 57.
1738. **Salisbury.** Wiltshire Archæolog. and Nat. Hist. Soc. 57.
1751. **Warwick.** Nat. Hist. and Archæolog. Soc. 58.

29. Aquaria.
325. Berlin. Berliner Aquarium. 15.

30. Archæology. *See* Antiquities.

31. Archæology, Arts and Sciences. *See* Science.
1052. Avranches. Soc. d'Archéol. Littérat. Scl. et Arts. 37.
1345. Naples. R. Accad. di Archæol. Lettere e Belle Arti. 44.

32. Architecture.
233. Amsterdam. Soc. for Encouragement of Architecture. 11.
349. Berlin. K. P. Technische Hau-Deputation. 10.
640. Wien. Ingenieur-Architect. Ver. 31.
1186. Paris. Soc. des Architectes. 41.
1568. London. Architect. Publication Soc. 52.
1660. — Roy. Instit. of Brit. Architects. 53.
1720. Oxford. Architectural Society. 54.
1733. St. Albans. Architect. and Archæol. Soc. 57.

33. Architecture and Engineering.
664. Hannover. Architect. and Ingenieur Ver. 22.
1312. Milan. Collegio degli Ingegneri ed Architetti. 43.
1313. — Giornale dell' Ingegnere, Architetto ed Agronomia. 45.
1391. Turin. R. Scuola d'applicazione per gli Ingegneri. 47.
1612. London. Instit. of Naval Architects. 54.

34. Archives of State Records. *See* Public Records.

35. Army Corps and Staff. *See* Military Science.

36. Art. *See* Antiquities, Fine Arts, Literature.

37. Art Museums. *See* Museums.

38. Arts and Literature.
109. Mitaw. Courland Soc. of Literat. and Art. 6.
471. Emden. Ges. Kunst Alterthümer. 20.
927. Antwerp. Acad. Beaux-Arts. 33.
942. Bruges. Cercle Artist. et Littéraire. 34.
951. Brussels. Cercle Artist. et Littéraire. 31.
988. Ghent. Soc. R. des Beaux-Arts et de Littérature. 32.
1015. Namur. Cercle Artistique et Littéraire. 36.

39. Arts. *See* Agriculture, Belles-Lettres, Sciences, Technology.

40. Artillery and Engineering. *See* Military Academies, etc.
1751. Woolwich. R. Artillery Instit. 58.

41. Asiatic Societies. *See* Oriental Societies.

42. Associations, Scientific. *See* Science.

43. Astronomy, Societies.
630. Leipzig. Astron. Ges. 25.
1653. London. R. Astronomical Soc. 55.

44. Astronomy. *See* Observatories, Hydrography, Longitudes.

45. Baths and Thermal Waters.
474. Ems. Balneologische Zeitung. 20.

46. Belles-Lettres.
1287. Florence. Nuova Antologia. 45.
1427. Barcelona. R. Acad. de Buenas Letras. 48.

47. Belles-Lettres. *See* Antiquities, Science.

48. Belles-Lettres and Sciences. *See* Science, Bibliography.
1012. Mons. Soc. Bibliophiles Belges. 36.

49. Biology. See Natural History.
1158. Paris. Soc. de Biologie. 41.

50. Blind, The. See also The Deaf and Dumb.
143. St. Petersburg. Inst. for the Blind. 9.
403. Breslau. Blinden-Anstalt. 18.
407.   Blinden-Unterrichts-Anstalt. 18.
414. Brünn. Blinden-Erziehungs-Inst. 18.
450. Dresden. Blinden-Anstalt. 19.
459. Freiberg. Blinden-Anstalt. 20.
492. Friedberg. Blinden-Anstalt. 20.
640. Hamburg. Blinden-Anstalt. 22.
894. Kiel. Blinden-Anstalt. 24.
615. Königsberg. Ver. für Blinden-Unterricht. 24.
847. Wien. Verein zur Versorgung und Beschäftigung erwachsener Blinden. 31.
961. Lausanne. Asile des Aveugles. 33.

51. Booksellers and Publishers.
389. Braunschweig. F. Vieweg und Sohn. 17.
683. Leipzig. F. A. Brockhaus. 25.
1582. London. Trübner & Co. 55.

52. Botanical Gardens.
71. Copenhagen. Bot. Garden University. 4.
166. St. Petersburg. Imp. Botan. Garden. 8.
656. München. K. Botanischer Garten. 26.
1350. Naples. Orto Botanico. 46.
1537. Kew. R. Botanic Gardens. 52.
1841. Melbourne. Botanic Garden. 61.

53. Botany, Agriculture, Botanical Gardens. See also Horticulture, Museums.
88. Copenhagen. Botan. Soc. 3.
272. Leiden. Assoc. for the Flora of Holland. 13.
324. Berlin. Annal. Botan. System. 15.
325.   Botanischer Verein, etc. 15.
360.   Jahrbuch. für wiss. Botan. 16.
363.   Linnæa. 16.
537. Halle. Botanische Zeitung. 22.
642. Leipzig. Jahrbücher Botanik. 25.
755. Regensburg. K. Botanische Ges. 29.
972. Brussels. Soc. R. de Botanique. 35.
1169. Paris. Soc. Botanique de France. 41.
1258. Florence. Nuovo Giornale Botan. 45.
1501. Edinburgh. Botanical Soc. 51.
1654. London. R. Botanic Soc. 55.

54. Botany and Zoology.
90. Helsingfors. Fauna, Flora Fennica. 5.
836. Wien. Zoologisch-Botan. Ges. 31.

55. Charts. See also Geography.
919. Zürich. Karten Verein. 33.
1192. Paris. Soc. de l'École des Chartes. 41.

56. Chemistry.
201. St. Petersburg. Russ. Chem. Soc. Univers. 10.
328. Berlin. D. Chemische Ges. 15.
1191. Paris. Soc. Chimique. 41.
1484. Dublin. Chemical Soc. of Dublin. 50.
1557. Liverpool. Chemists' Assoc. 52.
1584. London. Chemical News 53.
1585.   Chemical Soc. 53.
1586.   Chemist and Druggist. 53.

57. Chemistry and Agriculture. See Agriculture.

58. Chirurgy. See Medicine and Surgery.

59. Commerce. See also Science, Industry, and Trade. See Academy, Agriculture.
296. Agram. Handels Gewerbekammer. 14.
1063. Bordeaux. Chambre de Comm. 17.

60. Crowned Heads. See Governments, etc.

61. Culture. See Mental Culture.

62. Deaf and Dumb, The. See also The Blind.
143. Odessa. Deaf and Dumb Inst. 7.
172. St. Petersburg. Imp. Inst. for Deaf and Dumb. 8.
253. Groningen. Inst. Deaf and Dumb. 12.

SYSTEMATIC INDEX.   7

876. Rotterdam. Inst. Deaf and Dumb. 13. | 1862. Guatemala. Soc. Econom. Amigos
473. Emden.   Taubstummen-Inst. 20. | del Pais. 62.
493. Friedberg. Taubstummen-Anst. 20. | 1887. Habana. R. Sociedad Económica. 62.
668. Leipzig. Taubstummen-Anstalt. 25. |
674. Meersburg. Taubstummen-Anst. 26. | 67. Economy and Physics. See
972. München. K. Taubstummen-Anst. 26. | Economy.
972. Aaran.   Blinden- en Taubstummen- |
               Anstalt. 32. | 68. Economy, Rural. See Agri-
916. Yverdon. Inst. des Sourds Muets. 33.| culture.
1300. Genoa. R. Inst. dei Sordo-Muti. 46.|
1323. Milan. R. Inst. del Nordo-muti. 45.| 69. Education. Also Public In-
1473. Doncaster. Yorkshire Inst. for Deaf| struction.
               and Dumb. 50. |
1483. Dublin. Instit. for Deaf and Dumb. 50.| 198. St. Petersburg. Pedagogical Soc. 10.
1489.   Instit. for the Deaf and Dumb.| 594. Kiel. Schul-Zeitung. 24.
               50. | 869. Switzerland. Lehrverein. 32.
                                         | 670.   Ver. Schweiz. Gymna-
63. Dumb. See Deaf and Dumb. | sialiehrer. 32.
                                         | 1332. Milano. Soc. Pedagogica Ital. 4d.
64. Dentistry.
                                         | 70. Engineering. See also Archi-
700. Nurnberg. Ver. D. Zahnärzte. 27. | tecture, Artillery, Mecha-
1636. London. Odontological Society. 54.| nics.

65. East Indian Co. See Libraries. | 82. Dorpat. Scientific Esthonian Soc. 4.
                                         | 181. St. Petersburg. Inst. Engin. of Pub.
    London. | Works. 9.
                                         | 182.   Civil Engin. Inst. 9.
66. Economy (Public Welfare). | 242. The Hague. R. Inst. of Engineers. 12.
                                         | 370. Berlin. Ver. Deutscher Ingenieure. 17.
  9. Lund.   Journal of Political Economy| 459. Dresden. Ingenieur-Verein. 19.
             and Literat. 1. | 993. Liège.   Assoc. des Ingénieurs. 35.
 81. Dorpat.   K. L. Ökonomische Soc. 4.|1145. Paris.   Annal. Ponts et Chaussées. 40.
 93. Kasan.   Imp. Economical Soc. 5. |1206.   Soc. des Ingén. Civils. 42.
150. St. Petersburg. Imp. Free Eco. Soc. 9.|1351. Naples. R. Scuola d'applicazione per
409. Breslau. Ges. für vaterländ. Cult. 18.| gli Ingegneri. 46.
454. Dresden. K. Ökonom. Ges. 19. |1429. Madrid. Accad. Especial de Inge-
573. Jauer.   Oekon.-patriot. Ges. 23. | nieros. 48.
614. Königsberg. Physik. (Econ. Ges. 24.|1457. Birmingham. Instit. of Mechanical
741. Prag.   Patriotisch-ökonom. Ges. 26.| Engineers. 49.
749. Premslau. Pommern. Oekon. Ges. 23. |1486. Dublin. Instit. of Civil Engineers. 50.
759. Rostock. Patriotischer Ver. 28. |1528. Glasgow. Instit. of Engineers. 51.
861. Zara.   Soc. Econ. di Dalmazia. 32.|1588. London. Civil and Mech. Engineers
867. Switzerland. Gemeinnütz. Ges. 32. | Soc. 53.
874. Basel.   Ges. Reförierung des Guten|1589.   Corps of R. Engineers. 53.
               und Gemeinnützigen. 32. |1611.   Inst. of Civil Engineers. 54.
883. Bern.   Oekom. Ges. 32. |1613.   Instit. Hydraul. and Naot.
896. Geneva.   Soc. d'Utilité Publique. 33.| Engineers. 54.
953. Brussels. Commiss. des Annales des |1675.   Soc. of Engineers. 55.
               Travaux Publics. 34. |1745. Swansea. South Wales Instit. of En-
1437. Valencia. R. Sociedad Económica. 42.| gineers. 57.
1824. Manilla. R. Economical Soc. 60. |1826. Roorkee. Coll. of Civil Engineering.
1876. Caracas. Soc. Econ. Amig. del Pais. 62.| 60.

71. Engineering, Mining.

- 203. St. Petersburg. Staff of Mining Engineers. 10.
- 404. Breslau. K. Ober-Berg-Amt. 18.
- 457. Freiberg. K. Bergakademie. 20.
- 531. Halle a. d. Saale. K. Ober-Berg-Amt. 22.
- 1011. Mons. École des Mines. 36.
- 1159. Paris. École des Mines. 41.
- 1231. Saint-Étienne. Soc. de l'Industrie Minérale. 43.
- 1705. Newcastle-upon-Tyne. Institute of Mining Engineers. 56.
- 1644. Melbourne. Mining Department. 61.
- 1893. Mexico. Colegio de Mineros. 62.

72. Entomology.

- 199. St. Petersburg. Entomolog. Soc. 10.
- 275. Leiden. Entomological Ver. 13.
- 331. Berlin. Entomolog. Ver. 16.
- 777. Stettin. Entomologischer Ver. 29.
- 966. Switzerland. Entomolog. Ges. 32.
- 966. Brussels. Soc. Entomolog. 35.
- 1177. Paris. Petites Nouvelles Entomologiques. 41.
- 1194. Soc. Entomol. de France. 42.
- 1272. Florence. Soc. Entomologica. 43.
- 1593. London. Entomological Soc. 53.
- 1594. Entomologists' Monthly Magazine. 53.
- 1595. Entomologist. 53.
- 1721. Oxford. University Entomol. Soc. 57.

73. Ethnology (and Anthropology).

- 116. Moscow. Imp. Society of Friends of Nat. Sci., Anthrop., and Ethnog. 6.
- 266. Leiden. Roy. Ethn. Museum. 13.
- 367. Berlin. Zeitschrift für Ethnologie. 17.
- 490. Freiburg. Archiv. für Anthropol. 20.
- 631. Leipzig. Central-Mus. Völkerkunde. 23.
- 814. Wien. Anthropol. Ges. 30.
- 855. Worzburg. D. Ges. Anthrop. ethnol. urgesch. 31.
- 1184. Paris. Soc. d'Anthropologie. 41.
- 1195. Soc. d'Ethnographie. 42.
- 1279. Florence. Direzione per l'Anthropol. Entolog. 44.
- 1449. Liverpool. Anthropolog. Soc. 52.
- 1564. London. Abrwig. Protest. Soc. 52.
- 1597. Ethnological Journal. 53.
- 1667. Anthropological Inst. 53.

74. Ethnology, Geography, and Philology.

- 249. The Hague. Roy. Inst. Phil., Geogr., Ethnogr. of D. India. 12.

75. Fine Arts. See also Art, Museum.

- 126. Moscow. Soc. Amat. of Fine Arts. 6.
- 174. St. Petersburg. Imp. Acad. of Fine Arts. 9.
- 224. Warsaw. Soc. for Advanc. F. Arts. 11.
- 235. Amsterdam. R. Acad. of Fine Arts. 12.
- 935. Antwerp. Soc. R. Beaux-Arts. 34.
- 944. Bruges. Soc. Beaux-Arts et Litter. 34.
- 1258. Bergamo. Accad. di Carrara di Belle Arti. 44.
- 1271. Carrara. Accad. R. di Belle Arti. 44.
- 1320. Milan. R. Accad. di Belle Arti. 45.
- 1327. Soc. degli Artisti. 46.
- 1342. Naples. Istituto di Belle Arti. 46.
- 1374. Rome. British Acad. of Fine Arts. 47.
- 1389. Turin. R. Accad. di Belle Arti. 47.
- 1399. Venice. Accademia di Belle Arti. 47.
- 1512. Edinburgh. Inst. for Encouragement of Fine Arts. 51.
- 1569. London. Art Union. 53.

76. Forest Economy. See Agriculture.

77. Gardens, Botanical. See Botanical.

78. Gardens, Zoological. See Zoological.

79. Geography. See also Charts, Ethnology.

- 38. Christiania. Tourists' Society. 2.
- 91. Irkootsk. Geographical Soc. 5.
- 146. Omsk. Soc. of Explorers of Western Siberia. 7.
- 147. Orenburg. Section of the Imp. Russ. Geograph. Soc. 7.
- 174. St. Petersburg. Imp. Geog. Soc. 9.
- 212. Tiflis. Caucas. Geog. Soc. 10.

SYSTEMATIC INDEX.

314. Augsburg. Ausland. 15.
335. Berlin. Ges. für Erdkunde. 16.
462. Dresden. Verein für Erdkunde. 18.
395. Bremen. Comité Nordpol. Exples. 17.
507. Gotha. Geographische Anstalt. 21.
600. Kiel. Ver. Geogr. Naturwissen. 24.
681. Munchen. Geograph. Ges. 26.
809. Weimar. Geograph. Institut. 30.
820. Wien. Geograph. Ges. 30.
864. Bern. Schweizer Alpenclub. 32.
897. Geneve. Soc. de Géographie. 33.
930. Antwerp. Soc. Belge de Géog. 34.
954. Brussels. Etablis. Géograph. 34.
1158. Paris. Dépôt des Cartes et Plans. 41.
1198. Soc. de Géographie. 42.
1294. Florence. Soc. Geografica. 45.
1387. Turin. Circolo Geografico Italiano. 47.
1657. London. R. Geographical Soc. 55.
1805. Bombay. Geographical Society. 60.
1903. Rio Janeiro. R. Geogr. Soc. 63.

60. Geography and History.

439. Darmstadt. Ver. für Erdkunde u. verwandte Wissens. 19.
592. Kassel. Ver. Hess. Gesch. und Landeskunde. 21.
652. Leipzig. Ver. von Freund. der Erdkunde. 22.
1870. Buenos Ayres, Inst. Hister. Geog. 62.
1906. Rio Janeiro. Institute Hist. Geograph. e Ethnogr. 63.

61. Geography and Statistics.

222. Vilna. Section of Geog. Soc. for N. W. Russia. 11.
556. Hermannstadt. Ver. für Landeskunde. 21.
1899. Mexico. Soc. Mex. Geogr. y Estadistica. 63.

62. Geology. (Including Mineralogy and Palæontology.)

12. Stockholm. Geological Bureau. 1.
31. Christiania. Div. des Recherches Geolog. 2.
175. St. Petersburg. Imp. Mineral Soc. 9.
329. Berlin. D. Geolog. Gesellschaft. 15.
439. Darmstadt. Geologischer Verein. 19.
448. Dresden. Gehnitz. Jahr. Mineral Geol. u. Pal. 19.
517. Grax. Geognostisch Ver. 21.

530. Hall. Ver. Geologisch. 21.
723. Pesth. Geolog. Ges. Ungarn. 27.
821. Wien. Geolog. Reichsanstalt. 30.
1199. Paris. Soc. Géolog. de France. 42.
1290. Florence. R. Comitato Geologico. 45.
1495. Dublin. R. Geological Soc. 50.
1500. Edinburgh. Geological Society. 51.
1526. Glasgow. Geological Soc. 51.
1542. Leeds. Geolog. and Polyt. Soc. 52.
1553. Liverpool. Geological Magazine. 52.
1554. Geological Society. 52.
1600. London. Geological Magazine. 53.
1601. Geological Soc. 53.
1602. Geologists' Association. 53.
1692. Manchester. Geological Society. 56.
1727. Penzance. R. Geological Soc. of Cornwall. 57.
1811. Calcutta. Geol. Survey of India. 60.
1875. Christchurch. Geolog. Survey of Canterbury. 61.

63. Governments.

158. St. Petersburg. The Emperor of Russia. 8.
245. The Hague. Government of the Netherlands. 12.
322. Berlin. Kaiser von Deutschland. 15.
393. Bremen. Bremer Regierung. 17.
442. Dresden. Der König von Sachsen. 19.
585. Karlsruhe. Badische Regierung. 23.
762. Stuttgart. Der König von Würtemberg. 29.
813. Wien. Der Kaiser von Oesterreich-Ungarn. 30.
879. Bern. Conseil Fédéral Suisse. 32.
957. Brussels. Government of Belgium. 34.
1315. Milano. Municipio di Milano. 45.
1377. Roma. Governo Pontificio. 47.
1502. London. The Queen of Great Britain and Ireland. 52.
1577. British Government. 53.
1734. Salford. Town Council. 57.
1767. Constantinople. The Sultan. 58.
1802. Bombay. Bombay Government. 59.
1828. Yeddo. Emperor of Japan. 60.
1831. Adelaide. Gov. of S. Austr. 60.
1842. Melbourne. Gov. of Victoria. 61.
1867. Bogota. Republic of Colombia. 62.
1895. Mexico. Mex. Government. 63.
1904. Rio Janeiro. Emperor of Brazil. 63.

64. Herbaria. See Museums of Botany.

85. History. *See also* Geography, Antiquities.

60. Copenhagen. Historical Journal. 3.
200. St. Petersburg. R. Histor. Soc. 10.
281. Utrecht. Historical Society. 14.
308. Ansbach. Historischer Verein. 15.
311. Augsburg. Historischer Verein. 15.
314. Baireuth. Historischer Verein. 15.
372. Berlin. Ver. Gesch. Mark Brandenburg. 17.
456. Elberfeld. Bergischer Gesch. Ver. 20.
490. Giessen. Historischer Verein. 21.
518. Graz. Historisch. Ver. 21.
549. Hamburg. Ver für Hamburg. Gesch. 21
637. Hannover. Histor. Verein. 22.
667. Kiel. Ges. für vaterländ. Gesch. 24.
802. Klagenfurt. Gesch. Ver. für Kärnten. 24.
812. Köln. Hist. Ver. Niederrhein. 34.
823. Laibach. Hist. Ver. 24.
828. Landshut. Hist. Ver. Niederbaiern. 22.
862. Lubeck. Ver. für lübech. Gesch. 26.
684. Munchen. Histor. Ver. Oberbaiern. 26.
719. Osnabrück. Historischer Verein. 27.
747. Prag. Ver. Gesch. der Deutschen in Böhmen. 28.
753. Regensburg. Hist. Ver. 29.
774. Speier. Hist. Ver. Rheinbaiern. 29.
796. Tettnang. Ver. Gesch. des Bodensees. 30.
811. Weinsberg. Hist. Ver. für Franken. 30.
836. Würzburg. Hist. Ver. Unterfrank. 31.
808. Switzerland. Hist. Ges. (Bern.) 32.
853. Fribourg. Soc. d'Hist. 32.
904. Lausanne. Soc. d'Hist. de la Suisse Rom. 33.
907. Luzern. Histor. Ver. 33.
955. Brussels. Commiss. R. d'Hist. 34.
957. Brussels. Soc. d'Hist. 35.
1036. Bergues. Soc. de la Hist. et des Beaux-Arts. 37.
1073. Bourges. Commiss. Hist. 39.
1164. Paris. Institut Hist. de France. 41.
1196. Soc. Pr. conservation des Monuments Hist. 42.
1280. Soc. de l'Hist. de France. 42.
1281. Soc. de l'Hist. de Protestantisme. 42.
1283. Saint-Jean-d'Angely. Soc. Hist. 43.
1304. Genoa. Soc. di Storia Patria. 45.

1393. Turin. R. Deputazione Sovra gli Studii di storia Patria. 47.
1435. Madrid. R. Acad. de la Historia. 49.
1555. Liverpool. Hist. Soc. of Lancashire and Cheshire. 51.
1599. London. Genealog. and Hist. Soc. 52.

86. History. *See* Antiquities.

398. Bremen. Ver. für Gesch. Alterthums. 18.
526. Greifswald. Ges. Geschichte und Alterthumskunde. 21.
539. Halle. Gesch. Alterthums-Ver. 22.
553. Hannover. Ver. Deutsch. Gesch. Alterthums-Ver. 22.
680. Jena. Ver. Gesch. Alterthumskunde. 23.
654. Leipzig. Gesch. Alterthums. Ver. 25.
668. Mainz. Verein zur Erforschung der Rhein. Gesch. Alterth. 26.
700. Münster. Ver. für Gesch. und Alterthümer. 27.
943. Bruges. Soc. pour l'étude de l'Hist. et des Antiq. 34.
1740. Shrewsbury. Nat. Hist. and Antiquarian Soc. 57.
1742. Taunton. Archaeol. Nat. Hist. Soc. 57.

87. History; Museums of. *See* History.

88. History and Jurisprudence.

268. Zwolle. Soc. Cultiv. Jurisprudence and Hist. 14.

89. History and Philology.

168. St. Petersburg. Imp. Histor. Philolog. Inst. 5.

90. History and Statistics.

455. Frankfurt-an-der-Oder. Historisch-Statist. Ver. 20.

91. Homœopathy.

952. Brussels. Soc. Méd Homœopath. 34.
1207. Paris. Soc. Méd. Homœopathique. 43.
1578. London. Brit. Homœopathic Soc. 52.

92. Horology. *See* Watchmaking.

SYSTEMATIC INDEX.

92. Horticulture. *See also* **Agriculture, Botany.**

131. Moscow. Russ. Soc. of Friends of Horticulture. 7.
138. Odessa. Horticultural School. 7.
197. St. Petersburg. Soc. of Russ. Horticult. 10.
304. Altenburg. Pomologische Ges. 15.
373. Berlin. Ver. der Gartenbaues in Pr. Staaten. 17.
389. Braunschweig. Garten-Verein. 17.
396. Bremen. Gartenbau-Verein. 17.
431. Darmstadt. Gartenbau-Verein. 19.
443. Dresden. Ges.-Ils. Flora. 19.
469. Eldena. Gartenbau-Verein. 20.
476. Erfurt. Gartenbau-Ver. 20.
492. Frankfurt. Gesellsch. Flora. 20.
501. Görlitz. Gartenbau-Verein. 21.
510. Gotha. Thür. Gartenbau-Verein. 21.
676. Meiningen. Ver. Pomol.Gartenbau. 26.
682. München. B. Gartenbau-Ges. 26.
731. Passau. Prakt. Gartenbau-Ges. 27.
753. Stuttgart. Garten-Ges. "Flora." 29.
799. Triest. Garten-Ges. des Litorales. 30.
810. Weimar. Ver. Blumistik und Gartenbau. 30.
819. Wien. K. K. Gartenbau-Ges. 30.
936. Antwerp. Soc. Roy. d'Horticult. et d'Agricult. 34.
945. Bruges. Soc. d'Horticulture et Botanique. 34.
974. Brussels. Soc. R. d'Horticulture. 35.
1000. Liege. Soc. R. d'Horticulture. 35.
1068. Bordeaux. Soc. d'Horticult. 38.
1132. Moulins. Soc. d'Horticulture. 40.
1139. Nimes. Soc. d'Horticult. et de Botanique du Gard. 40.
1179. Paris. Revue Horticole. 41.
1190. Soc. Cent. d'Horticult. 41.
1202. Soc. d'Horticulture. 42.
1502. Edinburgh. Horticultural Society. 51.
1658. London. R. Horticultural Soc. 55.

94. Horticultural Gardens. *See* **Botanical Gardens.**

95. Horticultural Schools. *See* **Horticulture.**

96. Hospitals. *See* **Medicine and Surgery.**

1379. Rome. Ospedali. 47.

97. Hydraulics.

1112. Lyon. Commiss. Hydrométrique. 39.

98. Hydrography.

34. Christiania. Dir. Topographique et Hydrog. 2.
65. Copenhagen. Hydrographic Office. 4.
161. St. Petersburg. Hydrog. Depart. of the Min. of Marine. 5.
733. Pola. Hydrograph. Depot. 28.
816. Wien. Hydrograph. Anstalt Oesterr. Marine. 30.

99. Individuals.

1591. London. Duke of Northumberland. 53.
1596. Prof. W. H. Flower. 53.
1638. Gen. Sir Edward Sabine. 55.
1656. Auckland. U. S. Consul. 61.

100. Industry, Popular. *See also* **Economy, Science.**

216. Amsterdam. Assoc. for Pop. Industry. 12.
477. Erfurt. Gewerbe-Ver. 20.
1193. Paris. Soc. d'Encourage. l'Industrie Nationale. 41.
1260. Bergamo. Soc. Industriale. 44.
1388. Turin. Museo Industriale Italiano. 47.
1452. Belfast. Flax Extension Assoc. 49.

101. Industry and Trade.

256. Harlem. Soc. for Promotion of Industry. 13.
318. Bamberg. Gewerbe-Verein. 15.
339. Berlin. Gewerbe-Akad. 16.
374. Ver. des Gewerbefleisses. 17.
397. Bremen. Handels-Kammer. 18.
409. Breslau. Central-Gewerbe-Ver. 18.
418. Chemnitz. K. Gewerbschule. 18.
420. Handels-Lehranstalt. 18.
421. D. Indust. Zeitung. 18.
432. Darmstadt. Central-Stelle Gewerbe und Handel. 19.
434. Gewerbe-Verein. 19.
446. Dresden. Gewerbe-Verein. 19.
457. Handels-Lehranstalt. 19.
494. Fürth. Gewerbe-Ver. 20.
502. Görlitz. Gewerbe-Verein. 21.
515. Graz. Akad. für Handel und Industria. 21.

622. Graz. Industrie-Gewerbe-Ver. 21.
642. Hamburg. Handels-Kammer. 22.
550. Ver. für Handelsfreiheit. 22.
558. Hannover. Gewerbe-Verein. 22.
583. Karlsruhe. Gewerbe-Verein.
603. Klagenfurt. Handels- und Gewerbekammer. 24.
606. Kårnt. Indust. Gewerbe-Ver. 24.
635. Leipzig. Handels-kammer. 25.
639. Handels-Lehranstalt. 25.
655. Linz. Handels-Gewerbekammer. 25.
660. Mainz. Handels-Kammer. 26.
681. Mühlhausen. Soc. Industrielle. 26.
708. Nurnberg. Gewerbe-Verein. 27.
713. Offenbach. Handels-Kammer. 27.
724. Pesth. Handels-Akad. 27.
738. Prag. Böhmischer Gewerbe-Ver. 28.
748. Ver. Gewerbegeist. 28.
765. Schärsburg. Gymnasium. 29.
785. Stuttgart. Gewerbe-Verein. 29.
787. K. Centralstelle für Gewerbe und Handel. 29.
797. Trier. Ges. gützliche Forschungen. 30.
815. Wien. Handels- und Gewerbekammer. 30.
838. Gewerbe-Ver. 31.
849. Wiesbaden. Gewerbe-Ver. 31.
854. Worms. Handels-Kammer. 31.
875. Basel. Gewerbe-Schule. 32.
964. Brussels. Soc. Centrale des Institutors. 34.
1028. Verviers. Soc. Industrielle et Commerciale. 34.
1115. Lyon. Soc. des Sci. Industrielles. 39.
1414. Lisbon. Inst. Industrial. 45.
1574. London. Board of Trade. 53.
1799. Batavia. Industrial Society. 59.
1910. Rio Janeiro. Soc. Aux. de Indust. Nac. 61.

102. **Industry and Useful Knowledge.**

659. Lübeck. Ges. zur Bef. gemeinnütziger Thätigkeit. 25.
965. Brussels. Soc. Arts Industriels. 34.
994. Liege. Comité du Cercle Indust. 35.
1668. Macclesfield. Soc. of Useful Knowledge. 56.

103. **Journals of Universities.** See Universities.

104. **Jurisprudence.** See also History.

77. Christiania. N. Lawyer's Soc. 2.
118. Moscow. Juridical Soc. 6.
179. St. Petersburg. Imp. Law School. 9.
227. Yaroslaw. Juridical Lyceum. 11.
252. Groningen. Soc. Kat. Jurisprudence. 12.
624. Laibach. Juristische Ges. 24.
1505. Edinburgh. Faculty of Advocates. 51.

105. **Knowledge, Useful.** See Industry.

106. **Language.** See Philology.

107. **Law.** See Jurisprudence.

108. **Libraries.**

12. Stockholm. Royal Library. 1.
24. Vasteras. Lib. of Normal School. 2.
37. Reykjavik. Lib. Icelandic Diocese. 3.
62. Copenhagen. Royal Library. 3.
75. Arkangel. Naval Library. 4.
104. Cronstadt. Naval Library. 5.
109. Moscow. Chertkoff's Public Lib. 5.
139. Odessa. Public City Library. 7.
143. Blankenburg. Naturwissens. Verein.
145. Odessa. Public Library. 7.
148. Orenburg. Public Library. 7.
151. Riasan. Public Library. 7.
173. St. Petersburg. Imp. Pub. Lib. 8.
214. Tiflis. Public Library. 10.
217. Toola. Public Library. 10.
236. Amsterdam. City Library. 12.
241. Arnhem. Public Library. 12.
243. Deventer. Public Library. 12.
247. The Hague. Royal Library. 12.
257. Harlem. Stadsbibliotheek. 13.
274. Middelburg. Univ. Bibliotheek. 13.
295. Aachen. Stadt-Bibliothek. 14.
319. Bamberg. Königl. Bibliothek. 15.
336. Berlin. Königl. Bibliothek. 16.
390. Braunschweig. Stadt-Bibliothek. 17.
402. Bremen. Stadt-Bibliothek. 18.
435. Darmstadt. Hof-Bibliothek. 19.
461. Dresden. Königl. Bibliothek. 19.
839. Universitäts-Bibliothek. 20.
841. Hamburg. Commerz-Bibliothek. 21.
546. Stadt-Bibliothek. 22.
556. Hannover. Königl. Bibliothek. 22.

SYSTEMATIC INDEX.

807. Karlsruhe. Hofbibliothek. 23.
889. Kassel. Landes-Bibliothek. 23.
818. Kornik. Biblioteka Kórnicka. 24.
845. Leipzig. Stadt-Bibliothek. 25.
853. Lemberg. Biblioteka Zakładu Ossolińskich. 25.
661. Lubeck. Stadt-Bibliothek. 26.
668. Munchen. Hof- und Staats-Bibliothek. 26.
715. Oldenburg. Bibliothek. 27.
718. Olmütz. K. K. Studien-Bibliothek. 27.
768. Schwerin. Bibliothek. 29.
789. Stuttgart. K. Bibliothek. 29.
823. Wien. Hofbibliothek. 30.
891. Geneve. Bibliothèque. 32.
902. Lausanne. Bibliothèque Cantou. 33.
928. Antwerp. Bibliothèque Publique. 33.
938. Arlon. Bibliothèque. 34.
939. Ath. Bibliothèque. 34.
940. Audenarde. Bibliothèque. 34.
941. Bruges. Bibliothèque. 34.
948. Brussels. Bibliothèque des Représentants. 34.
949. Bibliothèque Roy. 34.
950. Charleroi. Bibliothèque Publique. 35.
982. Courtray. Bibliothèque Publique. 35.
983. Furnes. Bibliothèque Publique. 35.
993. Hasselt. Bibliothèque Publique. 35.
1004. Lokeren. Bibliothèque. 36.
1005. Louvain. Bibliothèque. 36.
1008. Malines. Bibliothèque. 36.
1009. Mons. Bibliothèque. 36.
1014. Namur. Bibliothèque. 36.
1018. Ostende. Bibliothèque. 36.
1019. St. Nicolas. Bibliothèque. 36.
1021. Termonde. Bibliothèque. 36.
1023. Tirlemont. Bibliothèque. 36.
1025. Tournai. Bibliothèque. 36.
1027. Verviers. Bibliothèque. 36.
1029. Ypres. Bibliothèque. 36.
1062. Bordeaux. Bibliothèque. 37.
1075. Brest. Bibliothèque de la Marine. 38.
1118. Marseilles. Bibliothèque. 39.
1149. Paris. Bibliothèque de la Ville. 40.
1151. Bibliothèque Imp. 40.
1152. Bibliothèque Municipale. 40.
1153. Bibliothèque Polon. Hist. Littéraire. 40.
1224. Rennes. Bibliothèque. 42.
1259. Rouen. Bibliothèque. 43.
1275. Florence. Biblioteca Marucelliana. 44.
1276. Biblioteca Nazionale. 44.
1277. Biblioteca Riccardiana. 44.
1278. Florence. Biblioteca. 44.
1310. Milan. Biblioteca Ambrosiana. 45.
1311. Biblioteca Nazionale. 45.
1341. Naples. Biblioteca Nazionale. 46.
1358. Palermo. Biblioteca Nazionale. 46.
1363. Parma. Biblioteca Nazionale. 47.
1365. Pavia. Biblioteca Civica. 47.
1373. Roma. Biblioteca Vaticana. 47.
1401. Venice. Biblioteca Marciana. 47.
1402. Biblioteca Publica. 48.
1406. Lisbon. Biblioteca Nacional. 48.
1430. Madrid. Biblioteca Nacional. 48.
1444. Armagh. Public Library. 49.
1456. Birmingham. Free Reference Lib. 49.
1458. Blackburn. Free Library and Museum. 49.
1493. Bristol. City Library. 49.
1496. Cambridge. Free Library. 50.
1479. Cork. Library of Queen's College. 50.
1544. Leeds. Public Library. 52.
1545. Leicester. Free Library. 52.
1617. London. Library of Com. of Trade. 54.
1618. Library of London. 54.
1619. Library Foreign Office. 54.
1620. Library of E. India Co. 54.
1621. Library of the House of Commons. 54.
1622. Library of the House of Lords. 54.
1626. London Library. 54.
1691. Manchester. Chetham's Library. 56.
1700. Maynooth. College Library. 56.
1709. Newcastle-upon-Tyne. Reading R. 56.
1717. Oxford. Bodleian Library. 56.
1721. Free Library. 57.
1723. Radcliffe Library. 57.
1759. Athens. National Library. 58.
1763. R. Library. 58.
1768. Belgrad. State Library. 58.
1777. Algiers. Bibliothèque de la Ville. 59.
1784. Cape Town. South Africa Pub. Library. 59.
1786. Grand Cairo. Bibliothèque Cent. 59.
1788. Liberia. Government Library. 59.
1793. St. Helena. Library. 59.
1825. Nailgherries. Public Library. 60.
1837. Hobarton. Public Library. 61.
1838. Launceston. Public Library. 61.
1847. Melbourne. Public Library. 61.
1863. Wellington. Parliament. Library. 61.
1890. Lima. National Library. 62.
1901. Paramaribo. Surin. Bibliothesk. 63.

1005. Rio Janeiro. British Library. 61.
1913. Santiago. Biblioteca Nacional. 62.

109. Libraries, Galleries of Art, Museums.

130. Moscow. Roumianzoff's Library and Museum. 6.
1552. Liverpool. Public Library, Museum, Gallery of Art. 52.
1581. London. British Museum. 53.
1696. Manchester. Free Library and Museum. 54.
1711. Nottingham. Library, Museum. 56.
1735. Salford. R. Museum and Library. 57.
1819. Kurrachee. Library and Museum. 60.

110. Literature. *See also* Art.

51. Copenhagen. Icelandic Liter. Soc. 3.
54. Soc. for the Advancement of Dan. Lit. 3.
85. Helsingfors. Soc. for Finnish Literature. 4.
127. Moscow. Soc. of Amateurs of Russ. Literat. 5.
130. Reval. Estland Literary Soc. 7.
152. Riga. Lettische Litt. Ges. 7.
244. Leiden. Soc. Literat. Netherlands. 13.
331. Berlin. D. Shakespeare-Ges. 15.
364. Magazin Literal. Ausland. 16.
827. Laibach. Sloveuischer Liter-Ver. 24.
801. Trieste. Società Sci. Letteraria. 30.
964. Ghent. Maatschappij van Nederl. Letterkunde. 35.
995. Liège. Soc. de Littérai. Wallonne. 35.
1006. Louvain. Soc. Littéraire de l'Université. 36.
1570. London. Arundel Soc. 83.
1571. Athenaeum Club. 83.
1582. Camden Soc. 83.
1583. Caxton Soc. 83.
1605. Hakluyt Soc. 83.
1605. R. Soc. of Literature. 85.
1765. Belgrad. Soc. of Serbian Literat. 88.
1770. Constantinople. Soc. for Turkish Literature. 58.
1820. Madras. Literary Soc. 60.

111. Literature, Oriental. *See* Oriental Societies.

112. Lunatic Asylums.

1713. Nottingham. United Lunatic Asylum. 56.
1728. Perth. Murray R. Institution. 57.

113. Longitude.

1154. Paris. Bureau des Longitudes. 40.

114. Lyceums. *See* Schools.

115. Magnetism and Meteorology. *See* Observatories.

116. Mathematical Science.

121. Moscow. Mathematical Soc. 6.
239. Amsterdam. Math. Soc. 12.
1637. London. Mathemat. Soc. 54.

117. Marine. *See* Naval Affairs.

118. Mechanical Science. *See also* Engineering, Architecture, etc.

1592. London. Engl. Mechanic and Mirror of Sc. 53.
1628. Mechanics' Inst. 54.
1713. Nottingham. Mechanics' Inst. 56.
1803. Bombay. Mechanics' Institution. 59.
1833. Emerald Hill. Mechanics' Inst. 60.
1635. Hobarton. Mechanics' Institute. 60.
1639. Launceston. Mechanics' Instit. and School of Arts. 61.

119. Medical Science. *See also* Anatomy.

20. Stockholm. Soc. of Physicians. 2.
81. Christiania. Medical Soc. 2.
57. Copenhagen. Medical Soc. 3.
76. Astrakhan. Soc. Naval Physicians. 4.
89. Helsingfors. Soc. of Physicians of Finland. 5.
106. Cronstadt. Soc. Naval Physicians. 5.
137. Nicolaewsk. Soc. Naval Physicians. 7.
156. Riga. Soc. of Prac. Physicians. 8.
196. St. Petersburg. Soc. of Naval Physicians. 10.
825. Graz. Verein der Aerzte. 21.
638. Leipzig. Medicinische Ges. 26.
644. Deutsch. Archiv für Klin. Medicin. 26.

650.	Metz. Soc. des Sci. Médicales. 24.		121.	**Medicine and Pharmacy.**	
743.	Prag. Medicinische Facultät. 28.		1778.	Algiers. Ecole de Méd. et Pharm. 59.	
795.	Stuttgart. Aerztlicher Ver. 30.				
809.	Weilburg. Ver. Nassau. Aerzte. 30.		122.	**Medicine and Physics.**	
843.	Wien. Zeitschrift für praktische Heilkunde. 31.		112.	Moscow. Physico-Medical Soc. 6.	
931.	Antwerp. Soc. de Médecine. 34.		240.	Hoorn. Soc. Medico Phys. Hornana. 13.	
984.	Ghent. Soc. de Médecine. 35.		479.	Erlangen. Physik-Medic. Ges. 20.	
990.	Liege. Soc. de Médecine. 35.		1813.	Calcutta. Med. Physical Soc. 60.	
1041.	Caen. Soc. de Médecine. 38.				
1125.	Montpellier. Acad. Faculté de Médecine. 40.		123.	**Medicine and Surgery.**	
1143.	Paris. Acad. Imp. de Médecine. 40.		195.	St. Petersburg. Med.-Chir. Acad. 8	
1147.	Archives général. de Médec. 40.		220.	Vilna. Imp. Medical Soc. 11.	
1149.	Gazette Médicale. 41.		225.	Warsaw. Med.-Chirurg. Acad. 11.	
1207.	Soc. Méd. Allemande. 42.		230.	Amsterdam. Medico-Chir. Soc. 14.	
1381.	Rome. R. Ist. Fisio-Patologico. 47.		353.	Berlin. Medicin. Ges. 16.	
1390.	Turin. R. Accad. di Medicina. 47.		568.	Geneve. Soc. Médicale. 33.	
1423.	Lisbon. Soc. des Sci. Medicas. 48.		946.	Bruges. Soc. Médico Chirurgicale. 34.	
1425.	Oporto. Escola Medico-cirurgica. 48.		969.	Brussels. Soc. Medico-Chirurg. pratique. 35.	
1511.	Edinburgh. R. Coll. of Physicians. 51.				
1527.	Glasgow. Medical Journal. 51.		1246.	Toulouse. Soc. de Médecine, Chirurgie et Pharmacie. 43.	
1594.	London. Epidemiological Society. 53.				
1607.	Harveian Med. Soc. 53.		1283.	Bologna. Soc. Medico-Chirurgica. 44.	
1608.	Hunterian Soc. 53.		1297.	Genoa. Acad. Medico-Chirurgica. 45.	
1630.	Medical Soc. 54.		1319.	Milano. Ospedale Maggiore. 45.	
1641.	Pathological Society. 54.		1347.	Naples. R. Accad. Med.-Chirurg. 46.	
1655.	R. College of Physicians. 55.		1385.	Turin. Accad. R. Med.-Chirurg. 47.	
1658.	R. College of Surgeons. 55.		1411.	Lisbon. Escola Medico-Chirurgica. 48.	
1768.	Constantinople. Acad. Imp. de Médecine. 58.		1506.	Edinburgh. Med.-Chirurgical Soc. 51.	
			1637.	London. Obstetrical Soc. London. 54.	
1772.	Gaz. Méd. d'Orient. 58.		1662.	R. Med. Chirurgical Soc. 55.	
			1671.	St. Bartholomew's Hosp. 55.	
1797.	Batavia. Medical Association. 59.				
1812.	Calcutta. Medical Gazette. 60.		124.	**Meteorology.**	
1899.	Mexico. Soc. Medica. 63.		252.	Utrecht. R. Meteor. Inst. 14.	
			354.	Berlin. Meteorol. Inst. 16.	
120.	**Medicine and Natural History.**		339.	Wien. Ges. für Meteorologie. 31.	
			920.	Zurich. Meteor. anstalt. Naturforschende Ges. 37.	
290.	Utrecht. Archiv Natur- und Heilkunde. 14.		1176.	Paris. Observatoire Météorol. de Montsouris. 41.	
294.	Germany. Ver. D. Naturf. und Aertze. 14.		1208.	Soc. Météorol. 42.	
382.	Bonn. Ges. Nat. u. Heilkunde. 17.		1609.	Edinburgh. Meteorol. Soc. of Scotland. 51.	
445.	Dresden. Ges. Nat. u. Heilkunde. 19.				
497.	Giessen. Ges. Nat. u. Heilkunde. 21.		1520.	London. Brit. Meteorological Soc. 53.	
542.	Heidelberg. Naturhist-medicinischer Ver. 22.		1631.	Meteorol. Office. 54.	
571.	Innsbruck. Naturwiss-med. Ver. 23.		1791.	Port Louis. Meteorol. Soc. 59.	
575.	Jena. Med.-naturwiss. Ges. 23.		1814.	Calcutta. Meteorol. Office. 60.	
732.	Plauen. Ver. Nat. u. Heilkunde. 28.		1823.	Manilla. Observat. Meteorologico del Ateneo. 60.	
979.	Brussels. Soc. Sci. Médic. et Nat. 35.		1832.	Brisbane. Meteorol. Observatory. 60.	

125. **Meteorology and Magnetism.** *See* **Observatories.**

126. **Microscope, The.**
   1648. London. Quekett Microscop. Club. 55.
   1663.   R. Microscopical Soc. 55.

127. **Military Science, including Academies, Bureaus, and Schools, etc.**
   32. Christiania. Military Son. 2.
   169. St. Petersburg. Artillery Academy. 8.
   170.   Engineering Academy. 9.
   171.   L. Ni. Mi. it. Acad. 8.
   242. Breda. K. Mili. Akad. 12.
   340. Berlin. K. P. Generalstab der Armee. 16.
   347.   K. P. Kriegs-Akademie. 16.
   350.   K. Artillerie und Ingenieur Schule. 18.
   359.   Jahrbücher für D. Armee und Marine. 16.
   637. Munchen. K. General-Quartiermeister-Stab. 24.
   1170. Paris. Minist. de la Guerre. 41.
   1282. Florence. Minist. della Guerra. 44.
   1532. Farnboro' Station. R. Military College. 51.
   1753. Woolwich. Royal Artillery Institution. 58.
   1754.   R. Military Academy. 58.
   1912. Santiago. Acad. Militar. 63.

128. **Mineralogy.** *See* **Geology, Museums, Zoology.**

129. **Mines.** *See* **Engineering, Mining.**

130. **Ministry of Agriculture.**
   344. Berlin. K. Minist. Landwirths. Angel. 11.

131. **Ministries of Agriculture, Commerce, Trade, etc.**
   343. Berlin. K. Minist. für Handel, Gewerbe, öffent. Arbeiten. 11.
   1168. Paris. Minist. du Commerce et Agric. 41.
   1281. Florence. Minist. di Agric., Indus. e Commercio. 44.

132. **Ministry of Domains.**
   207. St. Petersburg. Sc. Comm. Min. Domains. 10.

133. **Ministry of Marine.** *See* **Naval Affairs.**

134. **Ministry of Interior.**
   340. Berlin. K. Minist. des Innern. 11.
   829. Wien. Minist. des Innern. 31.
   1283. Florence. Minist. dell' Interno. 44.

135. **Ministry of Public Instruction.** *See* **Public Instruction.**
   828. Wien. Minist. für Cultur und Unterricht. 31.

136. **Ministry of Public Works.**
   1174. Paris. Minist. des Travaux publics. 41.
   1285. Florence. Minist. dei Lavori Pubblica. 44.

137. **Ministry of State.**
   659. Munchen. K. Staats-Ministerium. 26.

138. **Ministry of Trade.**
   586. Karlsruhe. Bureau des Handels Minister. 23.
   821. Wien. Handels Ministerium. 30.

139. **Ministry of War.** *See* **Military Affairs.**

140. **Miscellaneous, not Classified.**
   300. Agram. Gospodarski List. 14.
   454. Dresden. Minist. des Königl. Hansen. 19.
   620. Krakau. C. K. Towarzystwo Naukowe. 24.
   932. Antwerp. Soc. "de Olyftak." 34.
   1587. London. Chronological Institute. 53.
   1614.   Inventors' Institute. 54.

141. Moral and Political Science.
910. Porrentruy. Soc. Jurassienne d'Ému-
 lation. 33.
1330. Milano. Soc. Lombard. di Economia
 Politica. 4d.
1433. Madrid. R. Acad. de Ciencias Morales
 y Politicas. 48.

142. Museums in General.
25. Arendal. Arendal Museum. 2.
26. Bergen. Bergen Museum. 2.
122. Moscow. Public Museum. 6.
123. ,, Pr. Galitzin's Museum. 6.
153. Riga. Museum. 7.
169. St. Petersburg. Marine Museum. 9.
191. ,, Museum of Acad. of
 Sciences. 9.
192. ,, Museum of the Imp.
 Hermitage. 9.
213. Tiflis. Caucasian Museum. 10.
391. Bregenz. Museums Verein. 17.
392. Bremen. Museum. 17.
436. Darmstadt. Museum. 19.
658. Linz. Museum Francisco-Carol. 25.
660. Lübeck. Mus. für Kunst and Natur. 25.
729. Pesth. Magyar Nemzeti Mus. 27.
740. Prag. K. Museum. 28.
764. Salzburg. Mus. Carol.-August. 29.
798. Triest. Civico Museo Ferd. Mass. 30.
830. Wien. K. K. Naturalien-Kabinet. 31.
1343. Naples. Museo Nazionale. 46.
1416. Lisbon. Museo. 48.
1520. Exeter. Albert Memorial Museum. 51.
1551. Liverpool. Derby Museum. 52.
1709. Norwich. Museum. 56.
1730. Plymouth. Plymouth Museum. 57.
1783. Cape Town. South African Mus. 59.
1804. Bombay. Central Museum. 60.
1815. Calcutta. Museum. 60.
1821. Madras. Museum. 60.
1845. Melbourne. National Museum. 61.
1853. Sydney. Public Museum. 61.
1867. Christchurch. Canterbury Mus. 61.
1871. Buenos Aires. Museo Publico. 62.
1894. Mexico. Museo Nacional. 62.
1909. Rio Janeiro. S. Museum. 63.
1916. Santiago. Museo Nacional. 63.

143. Museums of Agriculture, etc.
202. St. Petersburg. Rural-Econ. Mus. 10.
330. Berlin. D. Gewerbemuseum. 16.

342. Berlin. K. Landwirthsch. Museum. 16.
626. Laibach. Landes-Museum. 24.

144. Museums of Anatomy.
1263. Bologna. Gabinetto Anatom. 44.

145. Museums of Antiquities.
1317. Milano. Museo d'Archaeologia. 45.
1737. Salisbury. Blackmore Museum. 57.

146. Museums of Art (Fine Arts, etc.).
334. Berlin. Königliche Museen. 18.
1321. Milano. Gabinetto Numismatico. 45.

147. Museums of Botany.
270. Leiden. National Herbarium. 13.

148. Museums of Art and Industry.
832. Wien. Mus. Kunst Industrie. 31.
952. Brussels. Commiss. Administrative du
 Musée R. de l'Industrie. 34.

149. Museums of Ethnology and Archaeology.
111. Moscow. Ethnographical Museum. 5.
163. St. Petersburg. Museum of Greek and
 Roman Antiquities. 9.
221. Vilna. The Museum of Antiquities. 11.
268. Leiden. Nat. Mus. of Antiquities. 13.

150. Museums of Geology.
1264. Bologna. Museo di Geol. 44.
1632. London. Mus. of Practic. Geology. 54.

151. Museums of History.
707. Nürnberg. Germanisches Museum. 27.
912. Rapperswyl. Musée Nat. Histor. Po-
 logne. 33.
1428. Oporto. Pequeno Museo de Hist. Nat.
 da Camara Municipal. 49.

152. Museums of Mineralogy and Mining.
72. Copenhagen. Min. Mus. of the Univ. 4.
194. St. Petersburg. Mus. of Min. Corps. 9.
453. Dresden. Königl. Mineral. Mus. 19.
824. Wien. Hof-Mineralien-Kabinet. 30.

153. Museums of Natural History.

257. **Leiden.** Nation. Mus. of Nat. Hist. 13.
299. **Agram.** Naturhist. National-Mus. 14.
607. **Klagenfurt.** Naturhistor. Museum. 24.
608. **Klausenburg.** Erdélyi Muz.-Egylet. 24.
806. **Waren.** Maltzan. Naturhist. Mus. 30.
1065. **Bordeaux.** Mus. d'Hist. Naturelle. 32.
1094. **Douai.** Musée d'Hist. Natur. 38.
1150. **Paris.** Muséum d Hist. Nat. 40.
1222. **Reims.** Muséum d'Hist. Natur. 42.
1291. **Florence.** R. Museo di Fisica e Storia Nat. 45.
1298. **Genoa.** Museo di Storia Nat. 45.
1316. **Milano.** Mus. Civ. di Storia Nat. 45.
1318. Museo di Storia Nat. del fratelli Villa. 45.
1394. **Turin.** R. Museo di Storia Nat. 47.
1719. **Oxford.** Museum of Nat. History. 56.
1761. **Athens.** Nat. Hist. Museum of the University. 58.

154. Museums of Zoology.

73. **Copenhagen.** Zool. Mus. Univer. 4.
499. **Giessen.** Zoologisches Museum. 21.
515. **Göttingen.** Zoologisches Museum. 21.

155. National History. See Philology.

156. Natural History in General. (Societies.)

6. **Scandinavia.** Soc. of Naturalists. 1.
61. **Copenhagen.** Natural History Soc. 3.
79. **Dorpat.** Soc. of Naturalists. 4.
95. **Kasan.** Soc. Naturalists University. 5.
97. **Kharkow.** Soc. of Naturalists. 5.
101. **Kiew.** Univ. Soc. of Naturalists. 5.
113. **Moscow.** Imp. Soc. of Naturalists. 6.
140. **Odessa.** Soc. of Naturalists. 7.
154. **Riga.** Soc. of Naturalists. 7.
195. **St. Petersburg.** Soc. of Naturalists, University. 9.
228. **Yaroslaw.** Soc. Nat. Hist. Exploration. 11.
240. **Arnhem.** Nat. Hist. Soc. 12.
278. **Schiedam** (Zuid-Holland). Nat. Hist. Soc. "Martinet." 14.
303. **Altenburg.** Naturforschende Ges. 15.
307. **Annaberg.** Verein Naturkunde. 15.
313. **Augsburg.** Naturhist. Verein. 15.
320. **Bamberg.** Naturforschende Ges. 15.

336. **Berlin.** Ges. Naturf. Freunde. 16.
379. **Blakenburg.** Naturw. Ver. 17.
381. **Bonn.** Naturhistor. Verein. 17.
384. Archiv für Naturgesch. 17.
400. **Bremen.** Naturwissens. Ver. 18.
411. **Breslau.** Ver. für Insektenkunde. 18.
415. **Brunn.** Naturforsch. Ver. 18.
419. **Chemnitz.** Naturwiss. Ges. 18.
425. **Colmar.** Soc. d'Hist. Nat. 18.
429. **Danzig.** Naturf. Ges. 18.
440. **Deidesheim.** Pollichia; Nat. Ver. 19.
441. **Dessau.** Naturhistorischer Verein. 19.
441a. **Donaueschingen.** Ver. für Gesch. und Naturgeschichte. 19.
444. **Dresden.** Ges. Botan. and Zoologie. 19.
447. Gesellschaft "Isis." 19.
463. **Dürckheim.** Pollichia, Nat. Ver. 19.
467. **Elberfeld.** Naturw. Ver. 20.
472. **Emden.** Naturforschende Ges. 20.
483. **Frankfurt-am-Main.** Senck. Naturf. Ges. 20.
488. **Freiburg.** Ges für Beförderung der Naturwiss. 20.
495. **Gera.** Ges. Freunde der Naturwiss. 21.
521. **Graz.** Naturwissens. Ver. 21.
528. **Gustrow.** Freunde der Natarg. 21.
533. **Halle.** Naturforschende Ges. 22.
534. Naturwissens. Verein. 22.
537. Natur. 21.
544. **Hamburg.** Naturwissen. Verein. 22.
553. **Hanau.** Ges. für Naturkunde. 22.
560. **Hannover.** Naturhist. Ges. 22.
565. **Hermannstadt.** Ver. für Naturwissenschaften. 23.
568. **Karlsruhe.** Naturwiss. Ver. 23.
593. **Kassel.** Ver. für Naturkunde. 24.
601. **Kiel.** Ver. Verbreitung Naturwissen. Kenntnisse. 24.
609. **Klausthal.** Natur. Ver. "Maja." 24.
610. **Koblenz.** Naturhistor. Ver. 24.
611. **Koburg.** Ver. für Naturkunde. 24.
664. **Luneburg.** Naturwissens. Ver. 26.
667. **Mainz.** Rhein. Naturforsch. Ges. 26.
670. **Mannheim.** Ver. für Naturkunde. 26.
671. **Marburg.** Ges. Beförderung Naturwissen. 26.
677. **Meissen.** Ges. "Isis." 26.
879. **Metz.** Soc. d'Hist. Nat. Moselle. 26.
709. **Nurnberg.** Naturhistorische Ges. 27.
712. **Ofen.** Soc. der Naturalisten. 27.
714. **Offenbach.** Ver. für Naturkunde. 27.
720. **Passau.** Naturhistorischer Verein. 27.
725. **Pesth.** Hungar. Soc. of Nat. Sci. 27.

SYSTEMATIC INDEX. 19

734. Posen. Naturwissenschaft. Ver. 28.
744. Prag. Naturhist. Ver. "Lotos." 28.
750. Pressburg. Ver. für Naturkunde. 28.
757. Reichenbach. Ver. Naturkunde. 28.
781. Strassburg. Ges. des So. Natur. 29.
792. Stuttgart. Ver. Val. Naturkunde. 30.
604. Ulm. Naturwissenschaft. Ges. 30.
846. Wien. Ver. zur Verbreitung Naturwissensch. Kenntnisse. 31.
851. Wiesbaden. Ver. Naturkunde. 31.
862. Zweibrucken. Naturhistor. Ver. 32.
871. Aarau. Aargaul. Naturf. Ges. 32.
876. Basel. Naturforsch. Ges. 32.
882. Bern. Naturforschende Ges. 32.
887. Chur. Naturforsch. Ges. 32.
906. Lausanne. Soc. Vaudoise Sc. Nat. 33.
909. Neuchatel. Soc. Sc. Naturelles. 33.
911. Rheinfelden. Naturhistor. Ges. 33.
913. St. Gallen. Naturwissen. Ges. 33.
914. Sion. Soc. Valais. Sc. Naturelles. 33.
915. Solothurn. Naturforschende Ges. 33.
912. Zurich. Naturforschende Ges. 33.
969. Brussels. Musée R. d'Hist. Nat. 34.
995. Ghent. Soc. d'Hist. Naturelle. 35.
1002. Liege. Soc. des Sci. Naturelles. 36.
1088. Cherbourg. Soc. des Sc. Natur. 38.
1101. Gneret. Soc. des So. Nat. 39.
1135. Nantes. Soc. d'Hist. Natur. 40.
1146. Paris. Annal. Sc. Nat. 40.
1168.   Soc. de Biologie. 41.
1230. Rouen. Soc. des Amis Sc. Nat. 43.
1245. Toulouse. Soc. d'Hist. Nat. 43.
1272. Catania. Accad. di Sc. Natur. 44.
1336. Modena. Soc. del Naturalisti. 46.
1339. Naples. Accad. Aspiranti Natur. 46.
1441. Alnwick. Berwick. Nat. Club. 49.
1442. Armagh. Nat. History Society. 49.
1450. Belfast. Naturalists' Field Club. 49.
1460. Brighton. Brighton and Sussex Nat. Hist. Soc. 49.
1462. Bristol. Naturalists' Soc. 49.
1474. Dover. Nat. Hist. Soc. 50.
1491. Cotteswold. Natural. Field Club. 50.
1487. Dublin. Univ. Zool. Botan. Assoc. 50.
1492.   Nat. Hist. Soc. of Dublin. 50.
1499. Dudley. Geolog. Solent. Soc. 50.
1556. Liverpool. Natural. Field Club. 52.
1649. London. Ray Society. 55.
1699. Manchester. Field Natural. Soc. 56.
1704. Newcastle-upon-Tyne. Nat. Hist. Soc. 56.
1707.   Naturalists' Field Club. 56.

1710. Norwich. Naturalists' Society. 56.
1716. Oxford. Ashmolean Soc. 56.
1729. Plymouth. Institut. Devon and Cornwall Nat. Hist. Soc. 57.
1731. Richmond. Natural. Field Club. 57.
1749. Torquay. Nat. Hist. Soc. 57.
1755. Woolhope. Natural. Field Club. 58.
1756. Wycombe. Nat. Hist. Soc. 58.
1790. Mauritius. Soc. d'Hist. Nat. 58.
1798. Batavia. K. Naturkundige Ver. in Nederlandsch-Indie. 58.
1846. Melbourne. Nat. Hist. Soc. 61.
1865. Wellington. Westland Naturalists' and Acclimatization Soc. 61.
1868. Bogota. Soc. de Naturalistas. 62.
1900. Mexico. Soc. Mex. de Hist. Nat. 63.
1916. Santiago. Soc. de Hist. Natural. 63.

157. Natural History in General, Journals.

62. Copenhagen. Journal Natural Hist. 3.
67.   Journal Pop. Nat. Sc. 4.
693. München. Zeitschrift Biologie. 27.
1166. Paris. Journal de Conchyliologie. 41.
1160.   Revue et Mag. de Zoologie. 41.
1265. Bologna. Repert. Ital. di Bianconi. 44.
1566. London. Annals and Mag. Nat. Hist. 52.
1606.   Hardwicke's Sc. Gossip. 53.
1609.   The Ibis. 54.
1616.   Land and Water. 54.
1634.   Nature. 54.
1679.   Student and Intellectual Observer. 55.

158. Natural History. *See* Archæology, Botany, Entomology, Medicine, Museums, Ornithology, Science in General, Zoology.

159. Natural History and Pharmacy.

576. Jena. Pharmac.-naturwissens. Ver. 23.

160. Natural Sciences. *See* Natural History.

251. Groningen. Soc. for the Advance. Nat. Sc. 12.

503. Gorlitz. Naturforsch. Ges. 21.
1223. Reims. Soc. Sci. Naturelles. 42.
1319. Milan. Soc. Ital. di Sci. Natur. 46.

161. Natural and Physical Sciences.

751. Presburg. Ver. für Natur- und Heilkunde. 23.
849. Geneve. Archives des Sc. Phys. et Nat. 32.
898. " Soc. de Physique et d'Hist. Nat. 33.
1224. Rennes. Soc. des Sc. Phys. et Nat. 42.

162. Nautical Almanacs. *See Naval Science.*

163. Naval Affairs, Including Ministry of Marine.

169. St. Petersburg. Ministry Marine. 9.
190. " Sc. Com. Marine. 2.
277. Rotterdam. Ruder. Yacht-Club. 13.
345. Berlin. Nautisches Jahrbuch. 16.
440. Fiume. K. K. Marine-Akademie. 20.
800. Triest. Nautische Akad. 30.
877. Wien. Marine Ober-Commando. 31.
887. " Marine-Section des Kriegs-Minist. 31.
1173. Paris. Minist. de la Marine et des Colonies. 41.
1256. Florence. Minist. della Marina. 44.
1412. Lisbon. Escola Naval. 48.
1573. London. Board of Admiralty.
1635. " Nautical Almanac. 54.
1664. " R. Nation. Life-Boat Inst. 55.

164. Numismatics.

844. Wien. Numismat. Monatshefte. 31.
970. Brussels. Soc. de Numismatique Belge. 38.
1634. London. Numismatic Society. 54.
1638. Manchester. Numismatic Soc. 55.

165. Observatories.

15. Lund. Observatory. 1.
17. Stockholm. Observator. 1.
23. Upsala. University Observatory. 2.
27. Bergen. Observator. 2.
43. Christiania. Univers. Observator. 3.

69. Copenhagen. Astron. Observator. 4.
78. Catharineburgh. Naval Observ. 4.
80. Dorpat. Imp. Astron. Observatory. 4.
94. Kasan. Observatory. 5.
102. Kiew. Observatory. 5.
106. Cronstadt. Naval Astron. Observ. 5.
128. Moscow. Observatory.
13d. Nicolaev. Observatory. 7.
149. Pulkova. Nicholas Chief Observ. 7.
219. Vilna. Astron. Observatory. 11.
223. Warsaw. Astron. Observ. 11.
269. Leiden. National Observatory. 13.
283. Utrecht. Observatorium. 14.
305. Altona. K. Sternwarte. 15.
351. Berlin. K. Un. Sternwarte. 16.
373. Bilk (bei Düsseldorf). Sternwarte. 17.
386. Bonn. Sternwarte. 17.
401. Bremen. Observatorium. 18.
410. Breslau. Sternwarte. 18.
430. Danzig. Sternwarte. 18.
509. Gotha. Sternwarte. 21.
612. Göttingen. K. Sternwarte. 21.
645. Hamburg. Norddeutsche Seewarte. 22.
647. " Sternwarte. 22.
617. Königsberg. Sternwarte. 24.
619. Kremük. Sternwarte. 24.
621. Krakau. Sternwarte. 24.
622. Kremsmünster. Sternwarte. 24.
650. Leipzig. Sternwarte. 25.
669. Mannheim. Sternwarte. 26.
672. Marburg. Sternwarte. 26.
691. München. K. Sternwarte. 26.
699. Münster. Sternwarte. 27.
711. Ofen. K. K. Sternwarte. 27.
727. Posth. K. K. Sternwarte. 27.
742. Prag. Sternwarte. 28.
775. Speier. Sternwarte. 29.
835. Wien. Sternwarte. 31.
885. Bern. Sternwarte. 32.
883. Geneve. Observatoire. 32.
908. Neuchatel. Observatoire. 33.
923. Zürich. Sternwarte. 33.
960. Brussels. Observatoire. 34.
1120. Marseille. Observatoire. 39.
1175. Paris. Observatoire. 41.
1244. Toulouse. Observatoire. 42.
1292. Florence. R. Osservatorio. 45.
1299. Geneva. Osservatorio. 45.
1325. Milan. R. Osservatorio Astron. 45.
1334. Modena. Osservatorio. 46.
1338. Moncalieri. Osservatorio del R. Coll. 46.
1344. Naples. Osservatorio. 46.

SYSTEMATIC INDEX.

1355. Padua. Osservat. Astron. Universita. 41.
1361. Palermo. R. Osservatorio. 46.
1378. Rome. Osservatorio Astron. 47.
1395. Turin. R. Osservatorio. 47.
1417. Lisbon. Observatorio Astron. 48.
1418. Observatorio do Infante D. Luis. 48.
1420. R. Observatorio do Marinha. 48.
1431. Madrid. Observatorio. 48.
1436. San Fernando. Observatorio de Marina. 49.
1438. Aberdeen. Observatory. 49.
1443. Armagh. Observatory. 49.
1467. Cambridge. Observatory. 50.
1476. Churt. Carrington's Observatory. 50.
1493. Dublin. Observatory. 50.
1500. Durham. Observatory. 51.
1513. Edinburgh. R. Observatory. 51.
1529. Glasgow. Observatory. 51.
1532. Greenwich. R. Observatory. 51.
1538. Kew. Observatory. 52.
1548. Leyton. Observatory of J. G. Barclay. 52.
1560. Liverpool. Observatory. 52.
1572. London. Mr. Bishop's Observat. 53.
1724. Oxford. Radcliffe Observatory. 57.
1762. Athens. Observatory. 58.
1782. Cape Town. R. Observatory. 59.
1822. Madras. Observatory. 60.
1830. Adelaide. Astron. Observatory. 60.
1843. Melbourne. Observatory. 61.
1851. Sydney. Observatory. 61.
1877. Cordova. Observat. Nacional. 62.
1879. Georgetown. Observatory. 62.
1886. Habana. R. Obs. Fisico-Meteoro. 62.
1902. Quito. Observ. del Col. Nacional. 63.
1907. Rio Janeiro. Nautical Observ. 63.
1917. Santiago. Observat. Nacional. 63.

166. Observatories, Astronomical. *See* Observatories.

167. Observatories, Compass.
102. Cronstadt. Compass Observatory. 5.

168. Observatories, Magnetical and Meteorological.
35. Christiania. N. Meteorological Inst. 2.
77. Barnaul. Meteorol. Observatory. 4.

86. Helsingfors. Magnet. and Meteorol. Observatory. 4.
135. Nertshinak. Meteorol. Observatory. 7.
211. St. Petersburg. Cen. Phys. Obser. 10.
215. Tiflis. Magn. and Meteor. Observ. 10.
818. Wien. Central-Anstalt Meteor. Erd-Magnet. 30.
1419. Lisbon. Observat. Meteorol. na Escola Polytecb. 48.
1792. St. Helena. Mag. and Met. Obs. 59.
1807. Bombay. Mag. and Met. Obs. 60.
1834. Hobarton. Mag. and Met. Obs. 60.
1864. Habana. Obs. Mag. Meteor. 62.

169. Observatories, Physical. *See* Observatories, Magnetical and Meteorological.

170. Obstetrics. *See* Medicine and Surgery.

171. Oriental Literature and Science.
119. Moscow. Lazarew-Ins. of Oriental Languages. 6.
209. St. Petersburg. Oriental Institute. 10.
632. Leipzig. Morgenländ. Ges. 25.
1146. Paris. L'Atheneé Oriental. 40.
1160. École des Langues orientales. 41.
1167. Soc. Asiatique. 41.
1209. Soc. Orientale de France. 42.
1652. London. Royal Asiatic Society. 53.
1661. Syro-Egyptian Society. 55.
1775. Constantinople. Soc. Orientale. 58.

172. Ornithology.
291. Germany. D. Ornithologen-Ges. 14.
341. Berlin. Journal für Ornithol. 16.
900. Genève. Soc. Ornitholog. Suisse. 33.
1609. London. The Ibis.

173. Palæontology.
961. Charleroi. Soc. Paléontol. et Archéologique. 35.
1639. London. Palæontographical Soc. 54.
1640. Palæontological Soc. 54.
1872. Buenos Ayres. Soc. Palæontol. 62.

174. Patents. *See* Technology.

175. Pharmacy.

11. Stockholm. Pharmaceutical Inst. 1.
167. St. Petersburg. Imp. Phar. Soc. 8.
230. Germany. All. Apothek.-Verein. 14.
377. Bernburg. Apotheker-Verein. 17.
535. Halle. Apotheker-Verein. 22.
363. Heidelberg. Südd. Apoth.-Ver. 23.
754. Regensburg. K. Apothek.-Ver. 23.
863. Switzerland. Apotheker-Ver. 32.
833. Antwerp. Soc. de Pharmacie. 34.
971. Brussels. Soc. de Pharmacie. 35.
1210. Paris. Soc. de Pharmacie. 42.
1421. Lisbon. Soc. Pharma. Lusitana. 48.
1510. Edinburgh. Pharmaceutical Soc. 51.
1612. London. Pharmaceutical Soc. 54.
1673. Soc. of Apoth. of Lond. 55.

176. Philology. See also Antiquities, Ethnology, History.

53. Copenhagen. Soc. of Natural Hist. Language. 3.
56. Philolog. Journal. 4.
140. St. Petersburg. Phil. Soc. Univ. 8.
357. Berlin. Ges. für Stud. der neuern Sprachen. 16.
771. Constantinople. Hellenic Phil. Soc. 53.
1643. London. Philological Society. 54.

177. Philosophy, Experimental. See Physical Science.

178. Phonography. See Stenography.

179. Photography.

458. Dresden. Photographische Ges. 19.
841. Wien. Photographische Ges. 31.
1644. London. Photographic Society. 54.

180. Physicians. See Medicine.

181. Physical Culture.

786. Stuttgart. Heilgymnastisches Instit. 29.

182. Physical Science. See also Natural Science.

355. Berlin. Physikal. Ges. 16.

275. Rotterdam. Soc. of Experimental Philosophy. 13.
857. Würzburg. Physikalisch-Medicinis. Ges. 31.

183. Physical Observatories. See Observatories.

184. Physics. See Economy, Medicine, Physical Science, Science.

185. Physiology.

383. Bonn. Archiv für Physiologie. 17.
406. Breslau. Physiolog. Inst. 19.
641. Leipzig. Archiv für Anat. Physiol. Med. 24.
859. Würzburg. Jahresb. der Phys. 32.

186. Political Science. See Moral Science.

187. Polytechnics. See Technology.

188. Pomology. See Agriculture, Horticulture.

752. Ravensburg. Monats. für Obst. und Weinbau. 28.
756. Reutlingen. Pomolog. Institut. 29.

189. Popular Industry. See Industry.

190. Poultry.

505. Görlitz. Ver. für Geflügelzucht. 21.
506. Ver. für Hühnerzucht. 21.

191. Printing. See also Booksellers.

825. Wien. Hof- und Staatsdruck. 31.

192. Prisons.

793. Stuttgart. Ver. Fürsorge entlassene Strafgefangene. 30.

193. Provincial Welfare. See Welfare.

SYSTEMATIC INDEX.

194. Psychology.
321. Bendorf bei Koblenz. Psychiatrische gerichtl. Psychol. 15.

195. Public Instruction, Ministry of.
186. St. Petersburg. Min. Pub. Inst. 9.
694. München. Minist. öffentlichen Unterrichts. 26.
1171. Paris. Minist. l'Instruct. Pub. et des Cultes. 41.
1234. Florence. Minist. dell' Istruzione Pubblica. 44.
1915. Santiago. Minist. de Instr. Pub. 63.

196. Quartermaster Corps. *See* **Military Science.**

197. Railroads.
371. Berlin. Ver. Eisenbahnkunde. 17.
651. Leipzig. Ver. Deuts. Eisen.-Ver. 25.

198. Records, Public.
55. Copenhagen. Roy. Court of Rec. 3.
791. Stuttgart. K. Staats Archiv. 29.

199. Religion.
42. Christiania. Theological Society. 3.
45. Stavanger. Norweg. Mission. Soc. 3.
214. The Hague. Soc. for Christ. Relig. 12.
357. Berlin. Haupt-Bibelges. 16.
1676. London. Soc. Promotion of Christ. Knowledge. 55.
1677. Soc. for the Propagation of the Gospel. 55.

200. Rural Economy. *See* **Agriculture.**

201. Schools, Academies (including Gymnasia and Lyceums). *See also* **Universities.**
82. Jaroslavl. Demidoff's Lyceum. 5.
134. Negin. Count Besborodko's Lyceum. 7.
163. St. Petersburg. Imp. Alex. Lyo. 8.
464. Eisenach. Grossherz Gymnas. 20.
465. Real-Gymnasium. 20.
519. Graz. K. K. Staats Gymnasium. 21.
523. Graz. Landes-Ober-Realschule. 21.
643. Hamburg. Johanneum. 22.
551. Hamm. K. Gymnasium. 22.
646. Leipzig. Städtische Realschule. 25.
701. Neisse. Kathol. Gymnasium. 27.
704. Realschule. 27.
710. Ofen. K. K. Ober-Realschule. 27.
716. Olmutz. K. K. Deuts. Gymnas. 27.
717. K. K. Ober-Realschule. 27.
726. Pesth. K. K. Obergymnasium. 27.
731. Plauen. Gymn. und Realschule. 28.
735. Posen. Städtische Realschule. 28.
762. St. Pölten. Cest. Ober-Realschule.
771. Sondershausen. Realschule. 29.
772. Schwarzburg Gymnasium. 29.
831. Wien. Ober-Gymnasium. 31.
833. Schottenfelder Ober-Realsch. 31.
853. Worms. Gymnasium. 31.
881. Bern. Kantons-Schule. 32.
1369. Pisa. R. Scuola Norm. Superiore. 47.
1410. Lisbon. Escola da Marcella. 48.
1699. Manchester. Owen's College. 56.
1718. Oxford. Magdalen College. 56.

202. Science in General (including Academies, Associations, and Societies of widest scope).
7. Lund. Physiographic Association. 1.
15. Stockholm. Swed. Acad. of Sci. 1.
19. Swedish Academy. 2.
23. Upsala. Royal Soc. of Sciences. 2.
39. Christiania. Physiographic Soc. 2.
44. Scientific Soc. 3.
46. Drontheim. Norweg. Soc. of Sci. 3.
48. Reykjavik. Sci. Assoc. of Iceland. 3.
54. Copenhagen. Soc. of Science. 3.
86. Helsingfors. Finnish Sci. Soc. 4.
162. St. Petersburg. Imp. Acad. Sci. 8.
254. Harlem. Bureau Sci. Central. 12.
255. Soc. of Sci. of Holland. 12.
256. Teyler's Stichting. 13.
259. 'sHertogenbosch. Provin. Soc. of Arts and Sci. 13.
261a. Luxembourg. Inst. Luxembourgeois. 13.
273. Middelburg. Zealand Soc. of Sci. 13.
294. Utrecht. Soc. of Arts and Sci. 14.
343. Berlin. K. P. Akad. Wissens. 16.
449. Dresden. K. L. C. Akad. Natur. 19.

501. Görlitz. Gesellsch. der Wissen. 21.
511. Göttingen. Ges. der Wissen. 21.
569. Innsbruck. Ferdinandeum. 21.
631. Leipzig. Jablonowski'sche Ges. 25.
636. — Sächsische Ges der Wis. 25.
678. Metz. Acad. Imp. de Metz. 26.
685. München. K. Acad. Wissen. 26.
702. Neisse. Philomatische Ges. 27.
705. Nordhausen. Wissenschaft. Ver. 27.
721. Pesth. A Magyar Tudományes Akad. 27.
739. Prag. K Ges. der Wissen. 28.
761. Roveredo. Accad. di Lettere e Sci. 28.
780. Strassburg. Soc. des Sci. Agricult. et Arts. 29.
817. Wien. K. Akad. der Wissen. 30.
853. Switzerland. Ges. Naturwissen. 32.
877. Basel. Société des Sci. 32.
864. Bern. Soc. des Sciences. 32.
892. Genève. Inst. Nat. Genevois. 32.
922. Zurich. Soc. des Sciences. 32.
929. Antwerp. Cercle Artistique, Littér. et Scien. 33.
947. Brussels. Acad. R. des Sci. Lettres et Beaux Arts. 34.
971. — Soc. R. de Flore. 35.
975. — Soc. R. Linnéenne. 35.
979. — Soc. Vésalienne. 35.
989. Ghent. Soc. de Vlaamschs. 35.
990. — Soc. Het Willems fonds. 35.
997. Liège. Soc. libre d'Emulation. 35.
1001. — Soc. R. des Sciences. 36.
1013. Mons. Ser. des Sci. des Arts et des Lettres. 36.
1024. Tongres. Soc. Sci. et Littéraire. 36.
1026. Tournai. Soc. Hist. et Littéraire. 36.
1030. Ypres. Soc. Hist. Archéol. et Littéraire. 36.
1031. France. Assoc. Sci. 36.
1032. — Congrès Sci. 36.
1033. — Inst. des Provinces. 36.
1034. Abbeville. Soc. d'Emulation. 37.
1035. — Soc. Linnéene du Nord. 37.
1036. Agen. Soc. d'Agric. Sci. et Arts. 32.
1037. Aix. Acad. des Sci. Agric. Arts et Belles-Lettres. 37.
1038. Amiens. Acad. des Sci. Belles-Lettres, Arts. Agr. Commerce. 37.
1040. — Soc. Linnéenne du Nord. 37.
1041. Angers. Soc. Academ. de Maine-et-Loire. 37.

1042. Angers. Soc. d'Agric. Sci. et Arts. 37.
1043. — Soc. Linnéenne. 37.
1044. Annecy. Soc. Florimontane. 37.
1048. Arras. Académie d'Arras. 37.
1049. Aurillac. Soc. Académique. 37.
1050. Auxerre. Soc. des Sci. Hist. et Nat. 37.
1053. Bagnères des Bigorre. Soc. Ramond. 37.
1054. Bayeux. Soc. d'Agric. Sci. Arts et Belle-Lettres. 37.
1055. Beauvais. Soc. Acad. d'Archéologie, Sci. et Arts. 37.
1057. Besançon. Acad. des Sci. Belles-Lettres et Arts. 37.
1058. — Soc. d'Emulation du Doubs. 37.
1060. Blois. Soc. des Sci. et Lettres. 37.
1061. Bordeaux. Acad. des Sci. Belles-Lettres et Arts. 37.
1067. — Soc. Human. et Sci. 38.
1068. — Soc. Linnéenne. 38.
1069. — Soc. Philomathique. 38.
1070. — Soc. des Sci. Phys. Nat. 38.
1071. Boulogne. Soc. Académique. 38.
1072. Bourg. Soc. d'Emulation de l'Ain. 38.
1076. Brest. Soc. Acad. 38.
1077. Caen. Acad. des Sci. Arts et Belles-Lettres. 38.
1080. — Soc. Linn. de Normandie. 38.
1082. Cambrai. Soc. d'Emulation. 38.
1083. Chambery. Acad. Imp. de Savoie. 38.
1084. Châlons-sur-Marne. Soc. d'Agric. Commerce et Sci. 38.
1087. Cherbourg. Soc. Acad. 38.
1089. Clermont-Ferrand. Acad. des Sci. Belles-Lettres et Arts. 38.
1090. Dijon. Acad. des Sci. Arts et Belles-Lettres. 38.
1095. Douai. Soc. Imp. d'Agric. Sci. Arts. 38.
1096. Draguignan. Soc. des Etudes Scien. et Littéraires. 39.
1097. Dunkerque. Soc. pour l'Encouragement des Sci. 39.
1098. Epinal. Soc. d'Emulation des Vosges. 39.
1099. Evreux. Soc. d'Agric. Sci. Arts et Belles-Lettres. 39.
1102. Havre. Soc. Havraise d'Etudes diverses. 39.
1104. Le Mans. Soc d'Agric. Sci. et Arts. 39.
1105. Le Puy. Soc. d'Agric. Sci. Arts et Commerce. 39.

1106. **Lille.** Comité Flamand de France. 32.
1107. Soc. des Sci. de l'Agric. et des Arts. 39.
1109. **Limoges.** Soc. des Sci. Agric. et Arts.
1110. **Lons-le-Saulnier.** Soc. d'Emulation du Jura. 39.
1111. **Lyon.** Acad. des Sci. Belles-Lettres et Arts. 39.
1114. Soc. Linnéenne. 39.
1116. **Macon.** Soc. des Arts, Belles-Lettres d'Agric. 39.
1117. **Marseille.** Acad. des Sci. Lettres et Arts. 39.
1122. **Mende.** Soc. d'Agric. Indust. Sci. et Arts. 39.
1123. **Montauban.** Soc. des Sci. Agric. et Belles-Lettres. 39.
1124. **Montbéliard.** Soc. d'Emulation. 40.
1129. **Montpellier.** Acad. des Sci. et Lettres. 40.
1131. **Moulins.** Soc. d'Emulation. 40.
1133. **Nancy.** Acad. de Stanislas. 40.
1134. **Nantes.** Soc. Acad. de Nantes. 40.
1137. **Nice.** Soc. des Lettres, Sci. et Arts. 40.
1138. **Nimes.** Acad. du Gard. 40.
1140. **Orleans.** Soc. d'Agricult. Sci. Belles-Lettres et Arts. 40.
1163. **Paris.** Institut de France. 41.
1172. Minist. des Lettres, de Sci. et Beaux-Arts. 41.
1211. Soc. Philomatique. 42.
1214. **Perigueux.** Soc. d'Agricult. Sci. et Arts. 42.
1215. **Perpignan.** Soc. Agric. Sci. et Lit. 42.
1216. **Poitiers.** Soc. d'Agric. Belles-Lettres, S.-i. et Arts. 42.
1218. **Poligny.** Soc. d'Agricult. Sci. et Arts. 42.
1219. **Privas.** Soc. des Sci. Hist. Nat. 42.
1221. **Reims.** Acad. des Sci. Belles-Lettres et Arts. 42.
1227. **Rochefort.** Soc. d'Agric. Belles-Lettres, Sci. et Arts. 43.
1228. **Rouen.** Acad. des Sci. Belles-Lettres et Arts. 43.
1231. Soc. d'Emulation du Comm. et de l'Industrie. 43.
1234. **Saint-Lo.** Soc. d'Agric. d'Archéol. et d'Hist. Nat. 43.
1236. **Saint-Quentin.** Soc. Acad. des Sci. Arts, Belles-Let. et Agric. 43.
1239. **Soissons.** Soc. des Sci. Belles-Lettres et Arts. 43.

1240. **Tarbes.** Soc. Acad. des Hautes-Pyrénées. 43.
1241. **Toulon.** Soc. Académique. 43.
1242. **Toulouse.** Acad. des Sci. Inscript. et Belles-Lettres. 43.
1246. Acad. des Jeux Flor. 43.
1247. **Tours.** Soc. d'Agric. des Sci. des Arts et Belles-Lettres. 43.
1248. **Troyes.** Académie de l'Aube. 43.
1249. Soc. d'Agricult. Sci. Arts et Belles-Lettres. 43.
1251. **Valenciennes.** Soc. d'Agric. Sci. et Arts. 43.
1252. **Vannes.** Soc. Poly. du Morbihan. 43.
1253. **Versailles.** Soc. d'Agric. et des Arts de Seine et Oise. 43.
1255. **Vesoul.** Soc. d'Agric. Sci. et Arts. 44.
1256. **Vitry-le-François.** Soc. Sci. et Arts. 44.
1257. **Arezzo.** Accad. Valdarnese del Poggio. 44.
1259. **Bergamo.** Ateneo. 44.
1261. **Bologna.** Accad. delle Sci. dell' Istituto. 44.
1270. **Brescia.** Ateneo. 44.
1273. **Faenza.** Soc. Sci. e Letteraria. 44.
1289. **Florence.** R. Accad. della Crusca. 45.
1294. **Genoa.** Accad. delle Sci. Lettere ed Arti. 45.
1303. Soc. di Lettere e Conversaz. Scientifiche. 45.
1305. **Lucca.** R. Accad. del Filomati. 45.
1306. R. Accad. di Sci. Lettere ed Arti. 45.
1307. **Milan.** Accad. Fisio-med.-statis. 45.
1308. Accad. Sci.-Letteraria. 45.
1309. Ateneo di Sci. Let. ed Arti. 45.
1333. **Modena.** Accad. di Sci. Lettere ed Arti. 46.
1335. Soc. Ital. delle Sci. 46.
1340. **Naples.** Accad. Pontaniana. 46.
1348. R. Accad. delle Sci. Belle Lettere. 46.
1349. R. Istit. d'Incorag. Sci. Nat. Econom. Tecnol. 46.
1353. Soc. Reale di Napoli. 46.
1356. **Padua.** R. Accad. di Sci. Lettere ed Arti. 46.
1357. **Palermo.** Accad. di Sci. e Let. 46.
1359. R. Istit. d'Incorag. di Agric. Arti. 46.
1364. **Pavia.** Accad. Malaspina. 47.

SYSTEMATIC INDEX.

1370. Pistoja. R. Accad. di Sci. Lettere ed Arti. 47.
1371. Ravenna. Soc. Ravennate. 47.
1380. Roma. R. Accad. dei Lincei. 47.
1382. Siena. R. Acad. dei Fisiocritici. 47.
1386. Turin. Accad. R. delle Sci. 47.
1400. Venice. Atteneo Veneto. 47.
1404. R. Istit. di Sci., Lett. ed Arti. 48.
1406. Vicenza. Accad. Olimpica. 48.
1408. Lisbon. Acad. R. das Sci. 48.
1411. Escola Medico-cirurgica. 48.
1423. Madrid. Acad. de las tres Nobles Artes. 48.
1432. R. Acad. de Ciencias. 48.
1439. Aberdeen. Philosophical Soc. 49.
1449. Belfast. Belfast Institution. 49.
1453. Nat. Hist. and Phil. Soc. 49.
1455. Birmingham. Nat. Hist. and Micro. Soc. 49.
1461. Bristol. Instit. Advanc. of Sci. Lit. Fine Arts. 49.
1465. Cambridge. Philosophical Soc. 50.
1472. Devonshire. Assoc. Advanc. Sci. Lit. and Art. 50.
1480. Cork. R. Cork Instit. 50.
1494. Dublin. R. Society. 50.
1496. R. Irish Academy. 50.
1514. Edinburgh. R. Physical Soc. 51.
1516. R. Soc. 51.
1530. Glasgow. Philosophical Soc. 51.
1534. Hull. Lit. Philos. Soc. R. Instit. 51.
1535. Subscription Library. 52.
1541. Leamington. Philosoph. Soc. 52.
1543. Leeds. Philosoph. Lit. Soc. 52.
1544. Leicester. Lit. and Philos. Soc. 52.
1550. Liverpool. Archi. Archæ. Soc. 52.
1556. Lit. and Philo. Soc. 52.
1561. R. Institution. 52.
1576. London. Brit. Assoc. for the Advanc. Sci. 53.
1604. Guy's Hosp. Phys. Soc. 53.
1623. Linnean Soc. 54.
1625. London Inst. 54.
1646. Post-Off. Lib. Lit. Ass. 54.
1660. R Institut. 55.
1666. R. Soc. of London. 55.
1667. United Service Instit. 55.
1684. Victoria Institute. 55.
1694. Manchester. Lit. and Phil. Soc. 55.
1697. Sci. Student's Ass. 56.
1703. Newcastle-upon-Tyne. Liter. and Philosoph. Soc. 56.

1712. Nottingham. Lit. and Phil. Soc. 56.
1732. Ryde. Philosoph. and Sci. Soc. 57.
1739. Sheffield. Lit. and Philos. Soc. 57.
1741. Southampton. Hartley Instit. 57.
1742. Lit. Phil. Soc. 57.
1744. Swansea. R. Institut. 57.
1748. Tenby. Cambrian Institute. 57.
1750. Truro. R. Instit. Cornwall. 57.
1752. Whitby. Lit. and Philos. Soc. 58.
1758. York. Philosophical Society. 58.
1774. Constantinople. Ottoman Sci. Soc. 58.
1776. Alexandria. Inst. Egyptienne. 59.
1780. Algiers. Soc. de Clim. Bol. Phys. et Nat. 59.
1787. Grand Cairo. The Egyptian Soc. 59.
1789. Mauritius. R. Soc. Arts and Sci. 59.
1796. Batavia. Gen. van Kunsten en Weten- schappen. 59.
1808. Bombay. Royal Asiatic Soc. 60.
1809. Calcutta. Asiatic Society. 60.
1816. Colombo. Royal Asiatic Soc. 60.
1818. Hong Kong. Royal Asiatic Soc. 60.
1827. Shanghai. R. Asiatic. Soc. China. 60.
1829. Adelaide. Adelaide Phil. Soc. 60.
1836. Hobarton. R. Soc. of Tasmania. 61.
1842. Melbourne. R. Soc. of Victoria. 61.
1852. Sydney. Philosophical Soc. 61.
1855. Auckland. Auckland Institute. 61.
1858. Christchurch. Philosoph. Instit. of Canterbury. 61.
1859. Nelson. Assoc. Prom. Sci. Ind. 61.
1860. Institute. 61.
1861. Otago. Institute. 61.
1862. Wellington. New Zealand Inst. 61.
1864. Philosophical Soc. 61.
1869. Buenos Ayres. Acad. des Sci. 62.
1873. Caracas. Soc. de Ciencias Fisicas y Nat. 62.
1885. Habana. R. Acad. de Cienc. Méd. Fisicas y Nat. 62.
1897. Mexico. Soc. Humboldt. 63.
1901. Port of Spain. Sci. Ass. of Trinidad. 63.

203. Science in General (Journals).

1157. Paris. Cosmos. 41.
1167. Journal des Savants. 41.
1179. Revue des Cours Litt. 41.
1182. Revue Scientif. de la France et de l'Étranger. 41.
1488. Dublin. Quarterly Journ. of Sci. 50.

1615. London. Journ. of Applied Sci. 54.
1624. L. E. D. Philos. Magazine. 54.
1645. Popular Science Rev. 54.
1647. Quar. Journ. of Sci. 54.

204. **Science, Moral and Political.** *See* Moral.

205. **Science, Natural.** *See* Natural.

206. **Science, Physical.** *See* Physical.

207. **Science, Social.** *See* Social.

208. **Science and Belles-Lettres.**
 6. Gotheborg. R. Soc. of Sci. and Belles-Lettres. 1.

209. **Scientific Associations.** *See* Science.

210. **Shakespeare.** *See* Literature.

211. **Sheep.**
 745. Prag. Schafzüchter-Ver. Böhmen. 28.

212. **Shipbuilding.** *See* Naval Science.

213. **Silk Culture, The.**
 604. Klagenfurt. Kärnt. Seiden.-Ver. 24.
 737. Potsdam. Ver. Beförd. des Seid. 29.
 1130. Montpellier. Soc. Gén. d'Encourage. Sériciculture. 40.
 1151. Paris. Rev. de Sériciculture comparée. 41.
 1670. London. Silk Supply Assoc. 85.

214. **Smithsonian Agents.** *See* Agents.

215. **Social Science.**
 1. General. Assoc. Inter. Sci. Soc. 1.
 995. Liége. Conseil de Salubrit publique. 35.
 1633. London. Assoc. Prom. of Soc. Sci. 84.

216. **State Governments.** *See* Governments.

217. **State, Ministry of.** *See* Ministry.

218. **Statistics.** *See also* Geography.
 3. General. Cong. Inter. Statistique. 1.
 16. Stockholm. Cent. Bur. Statis. 2.
 62. Copenhagen. Statis. Bureau. 3.
 206. St. Petersburg. Statis. Comm. 10.
 237. Amsterdam. Statis. Assoc. 12.
 244. The Hague. Bureau Statis. 12.
 348. Berlin. K. P. Statist. Bureau. 16.
 366. Statis. Ces.-Archiv. 17.
 394. Bremen. Bureau für Statistik. 17.
 433. Darmstadt. Cen.-Stelle Landes-Stat. 19.
 460. Dresden. Statistisches Bureau. 19.
 578. Jena. Statistisches Bureau. 23.
 647. Leipzig. Statistisches Bureau. 24.
 690. München. K. Statis. Bureau. 26.
 730. Pesth. Statistical Bureau. 27.
 767. Schwerin. Statis. Bureau. 29.
 834. Wien. Statis. Central-Commis. 31.
 880. Bern. Eidg-es Statis. Bureau. 32.
 954. Brussels. Com. Cen. de Statis. 34.
 1100. Grenoble. Soc. de Statistique. 39.
 1169. Paris. Min. des Affaires Étrang. 41.
 1197. Soc. Fr. de Statist. Univ. 42.
 1213. Soc. de Statistique. 42.
 1295. Florence. Uffic'o di Statis. Gen. 45.
 1610. London. Instit. of Actuaries. 84.
 1678. Statistical Society. 85.
 1771. Constantinople. Bureau de Stat. 56.
 1874. Buenos Ayres. Statist. Bureau. 62.
 1891. Lima. Statistical Bureau. 62.

219. **Stenography.**
 869. Berlin. Stenograph. Verein. 17.

220. **Surgery.** *See* Medicine.

221. **Surveying.** *See* Topography.

222. **Technology and Polytechnics.**
 40. Christiania. Polytechnic Soc. 2.

63. Copenhagen. Polytech. School. 3.
125. Moscow. Soc. of Old Rus. Arts. 6.
167. Riga. Technical Society. 8.
178. St. Petersburg. Imp. Tech. Inst. 9.
200. Tech. Soc. 10.
317. Baireuth. Polytechnische Ges. 13.
332. Berlin. Ver. für Fab. von Ziegeln. 16.
356. Polytechnische Ges. 16.
437. Darmstadt. Polytech. Schule. 19.
452. Dresden. Königl. Poly. Schule. 19.
539. Hannover. K. Polytech. Schule. 22.
584. Karlsruhe. Bad. Poly. Schule. 23.
640. Leipzig. Polytechnisches Ges. 25.
695. München. Polytechnischer Ver. 27.
842. Wien. Polytechnische Ges. 31.
858. Würzburg. Poly. Central-Ver. 32.
894. Geneva. Société des Arts. 33.
917. Zürich. Polytechnische Schule. 33.
1156. Paris. Cons. des Arts et Métiers. 41.
1161. École Polytechnique. 47.
1212. Soc. Polytechnique. 42.
1301. Genoa. R. Ins. Tecn. di Marina. 45.
1314. Milan. Instituto Tecnico. 45.
1328. Soc. d'Incoragg. Arti o Mestieri. 45.
1360. Palermo. R. Istituto Tecnico. 46.
1398. Udine. R. Istituto Tecnico. 47.
1413. Lisbon. Escola Polytechnica. 48.
1424. Oporto. Acad. Polytechnica. 48.
1504. Edinburgh. Watt Inst. and School of Arts. 51.
1513. B. Scot. Soc. of Arts. 51.
1521. Falmouth. R. Corn. Poly. Soc. 51.
1559. Liverpool. Polytechnic Soc. 52.
1590. London. Dept. of Prac. Art. 53.
1608. Great Seal Patent Office. 53.
1671. Soc. for the Encour. of Arts, Man. and Com. 55.
1714. Nottingham. School of Art. 56.
1889. Kingston. B. Soc. Arts of Jamaica. 62.

223. Telegraphy.

4. General. Con. Télég. Internat. 1.
1144. Paris. Admin. des Lignes Télég. 40.
1883. Habana. Inspec. Gen. de Teleg. 62.

224. Thermal Waters. *See* Baths.

225. Topography. *See also* Statistics.

203. St. Petersburg. Topog. Bureau. 10.
766. Schwerin. Landes-Vermessungs Commiss. 29.

790. Stuttgart. K. Statistisch-topograph. Bureau. 29.
1741c. Southampton. Ordnance Trigonom. Survey. 57.
1837. Dehra Doon. Trigon. Surv. of India. 61.
1934. Santiago. El Plano Topogr. 62.

226. Trade. *See* Industry.

227. Trade, Free. *See* Free Trade.

228. Universities and Colleges (including Academies, etc.). *See also* Schools.

2. Lund. Royal University. 1.
21. Upsala. Royal University. 2.
29. Christiania. Universit. 2.
70. Copenhagen. Universit. 4.
92. Dorpat. University. 4.
87. Helsingfors. K. Alex. Universit. 4.
94. Kasan. Imp. University. 5.
98. Kharkow. University. 5.
100. Kiew. Univ. of the Holy Vladimir. 5.
114. Moscow. Imp. University. 6.
130. Roumianzovskaia Biblioteka i Moussey. 6.
144. Odessa. University. 7.
177. St. Petersburg. Imp. University. 8.
187. Naval Academy. 9.
224. Warsaw. Imp. University. 11.
231. Amsterdam. R. Acad. of Sci. 11.
250. Groningen. Acad. Groningana. 12.
263. Leiden. Acad. Lugduno-Batava. 12.
271. Stolp's Legacy. 13.
278. Utrecht. Acad. Rheno-Trajectina. 14.
286. Hoogeschool. 14.
309. Arnstadt. Fürstl. Gymnasium. 16.
351. Berlin. K. Universität. 16.
385. Bonn. Universität. 17.
469. Breslau. Universität. 18.
478. Erlangen. Universität. 20.
491. Freiburg. Universität. 20.
498. Giessen. Universität. 21.
514. Göttingen. Universität. 21.
537. Greifswald. Universität. 21.
539. Halle. Universität. 21.
664. Heidelberg. Universität. 23.
672. Innsbruck. Universität. 23.
679. Jena. Universität. 23.
599. Kiel. Universität. 24.
816. Königsberg. Universität. 24.

SYSTEMATIC INDEX.

649. Leipzig. Universität. 25.
673. Marburg. Universität. 26.
697. München. Universität. 27.
729. Pesth. Hungarian University. 27.
746. Prag. Universität. 28.
760. Rostock. Universität. 29.
802. Tübingen. K. Universität. 30.
845. Wien. Universität. 31.
860. Würzburg. Universität. 31.
878. Basel. Universität. 32.
886. Bern. Universität. 32.
924. Zürich. Universität. 33.
950. Bruxelles. Université. 34.
991. Ghent. Université. 35.
1003. Liège. Université. 36.
1007. Louvain. Université Catholique. 36.
1269. Bologna. Università. 44.
1280. Florence. Istituto di Studi Sup. 44.
1302. Genoa. Università. 45.
1337. Modena. Università. 46.
1354. Naples. Università. 46.
1366. Pavia. R. Università. 47.
1369. Pisa. Università. 47.
1383. Siena. Università Osservatorio. 47.
1396. Turin. Università. 47.
1403. Venice. Meohitaristen-Collegium. 48.
1407. Coimbra. Universidade. 48.
1440. Aberdeen. University. 49.
1454. Belfast. Queen's College. 49.
1459. Boston. Working Men's Col. 49.
1470. Cambridge. University. 50.
1481. Dublin. Catholic College. 50.
1486. Univ. Philos. Soc. 50.
1491. Trinity College. 50.
1518. Edinburgh. University. 51.
1519. Eton. Eton College. 51.
1523. Galway. Library Queen's Col. 51.
1524. Glasgow. Andersonian Inst. 51.
1531. University. 51.
1683. London. University College. 55.
1688. Londonderry. Magee College. 56.
1693. Manchester. Independ. Coll. 56.
1725. Peebles. The Chambers Instit. 57.
1734. St. Andrews. University. 57.
1713. Stonyhurst. Stonyhurst College. 57.
1760. Athens. National University. 58.
1769. Constantinople. Amer. College. 58.
1794. Allahabad. Mission College. 59.
1795. Ceylon. Jaffna College. 59.
1800. Beirut. Syrian Protest. College. 59.
1801. Benares. Samcrit College. 59.
1804. Bombay. University. 60.
1849. Melbourne. University. 61.
1854. Sydney. University. 61.
1878. Chuquisaca. University. 62.
1880. Georgetown. Queen's College. 62.
1888. Habana. R. Universidad. 62.
1892. Lima. University. 62.
1911. San José. University. 63.
1919. Santiago. Universidad. 63.

229. Universities, Libraries of. *See* Universities.

230. Universities, Museums of. *See* Museums.

231. Universities, Observatories of. *See* Observatories.

232. Useful Knowledge. *See* Industry.

233. Utility. *See* Amusement.

234. Veterinary Science.

60. Copenhagen. Vet. Agric. School. 3.
68. Veterinary Journ. 4.
74. Veterinary Society. 4.
84. Dorpat. Veterinär-Schule. 4.
90. Kharkow. Veterinary School. 4.
285. Utrecht. Rijks Veeartsenijschool. 14.
315. Augsburg. Woch. für Thierheilk und Viehzucht. 15.
1693. Douai. Assoc. Vétérinaire. 38.
1304. Paris. Soc. Imp. Cent. de Méd. Vétér. 42.
1324. Milan. R. Istituto Veterinario. 45.
1352. Naples. R. Scuola di Med. Vet. 46.
1392. Turin. R. Scuola di Med. Veter. 47.

235. Vine. *See* Wine.

236. War, Ministry of. *See* Military Affairs.

237. Watchmaking.

905. Lausanne. Soc. Industrielle d'Horlogerie. 33.
1607. Edinburgh. Horological Soc. 51.
1579. London. Brit. Horological Inst. 53.

238. Welfare, Provincial and State; Economy.

30. Christiania. Soc. Prog. Prom. Nor. 2
41. Soc. Devel. Pop. Intl. 2
132. Moscow. Slavonic Committee. 7.
204. St. Petersburg. Slavonic Com. 10.
234. Amsterdam. Soc. for the Benefit of all Classes. 11.
267. Zwolle. Soc. Prom. of Prov. Wel. 14.
327. Berlin. Ver. Wohl der Arbeit Klas. 15.
475. Erfurt. Akad. Gemein. Wissen. 20.
931. Antwerp. Soc. de Vlaamse. Vri. 34.
1331. Milan. Soc. Patriotica. 46.
1659. London. R. Humane Society. 65.

239. Wine Culture.

784. Stuttgart. Ges. Weinverbesser. 22.

240. Zoology. *See also* Botany, Mineralogy, Museums, Ornithology.

232. Amsterdam. Royal Zool. Soc. 11.
376. Berlin. Zoologisches Museum. 17.
481. Frankfurt-am-Main. Malakozoolog. Ges. 20.
484. Zoologis. Ges. 20.
551. Hamburg. Zoolog. Gesellschaft. 22.
591. Kassel. Malacozool. Blätter. 23.
643. Leipzig. Zeitschrift für Zoologie. 25.
756. Regensburg. Zool. Min. Ver. 28.
890. Geneve. Association Zoolog. 32.
937. Antwerp. Soc. R. de Zoologie. 34.
968. Brussels. Soc. Malacolog. 35.
977. Soc. R. de Zool. d'Horticult. et d'Agrement. 35.
1262. Bologna. Arch. Zoolog. l'Anatom. Fisiologia. 44.
1497. Dublin. R. Zool. Soc. of Ireland. 50.
1685. London. Zoological Society. 56.
1686. Zoologist. 56.
1687. Zoolog. Record Assoc. 56.

241. Zoological Gardens.

375. Berlin. Zoologischer Garten. 17.

www.ingramcontent.com/pod-product-compliance
Lightning Source LLC
Chambersburg PA
CBHW031119160426
43192CB00008B/1047

9783741144820